基礎からの
経営学

見吉 英彦 編集

JN123346

みらい

執筆者一覧

●編集

見吉 英彦　十文字学園女子大学

●執筆者（五十音順）

相澤鈴之助　富士大学 ―――――――――――――――――――― 第4章

明山 健師　嘉悦大学 ―――――――――――――――――――― 第13章

市村 陽亮　宮崎公立大学 ――――――――――――――――――― 第11章

臼木 智昭　秋田大学 ―――――――――――――――――――― 第1章

工藤 周平　石巻専修大学 ――――――――――――――――――― 第3章

近藤 信一　岩手県立大学 ――――――――――――――――――― 第2章

塩谷 剛　香川大学 ―――――――――――――――――――― 第7章

鈴木 章浩　常葉大学 ―――――――――――――――――――― 第8章

髙橋 司　元新潟青陵大学短期大学部 ―――――――――――――― 第12章

張 涛　尚絅学院大学 ―――――――――――――――――― 第5章

土屋 翔　新潟国際情報大学 ―――――――――――――――― 第9章

見吉 英彦　十文字学園女子大学 ―――――――――――― 序章・第6章

森谷 一経　開智国際大学 ――――――――――――――――――― 第10章

はじめに

　本書は、経営学の入門書として、初めて「経営学」にふれる人たちを念頭において書かれています。よって、まずは「経営学」という学問の全体像を理解してもらうことを重視し、「戦略」と「組織」を中心とした章立てとなっています。また、実際の事例や具体例などを織り交ぜながら、理論や学説の内容がより深く理解できるように、そして自らがさらに深く考えることができるように、内容を工夫しております。

　このような特徴にした理由には、私自身が大学生のときに受けた授業が関係しています。神戸大学経営学部の1年時に「経営学基礎論」という科目があり、当時その講義を担当されていたのが、現在同大学の名誉教授である加護野忠男先生でした。先生の授業は、さまざまな企業の事例や身近な生活の具体例を出しながら、経営学の理論や考え方を非常におもしろく教えてくださると同時に、新たな疑問や考える余地を持たせたものでした。これにより、私の「経営学」への興味が一気に増すこととなりました。この原体験を少しでも形にできればと思い、本書を企画しました。

　本書は、原則1章を1人の執筆者が担当する形で書かれています。執筆者間で調整し、一定の共通理解のもとに執筆されていますが、各章の内容は執筆者の個性がしっかりと現れているものとなっています。これも本書のもう一つの特徴です。

　そして、本書の発刊に際しては、多くの方々に多大なご協力を賜りました。まず、企画趣旨に賛同くださり、ご多忙のなかでも熱意を持って執筆いただいた諸先生方、より良い書籍になるように貴重なご意見をいただいた私の同僚の先生方やゼミの学生に深謝の意を表したいと思います。また、本書の企画の立ち上げをしていただいた(株)みらいの稲葉高士氏と編集担当の西尾敦氏に心より御礼申し上げます。

　最後になりますが、本書が1人でも多くの方に読まれ、読者の「経営学」への興味・関心が増すきっかけとなれば幸いです。そして、本書が長きにわたり愛されることを願っております。

2020年2月

編者　見吉　英彦

Contents

序章

経営学とは何か

●本章の概要

みなさんは、「経営学」は何を学ぶものだと思いますか？　「企業（＝会社）を経営することについて学ぶ」と考える人も多いと思います。もちろん、それは正しい考えです。また、言うまでもなく、私たちの生活にも企業が大きく関わっています。

では、そもそも「企業（会社）」とはどのようなものでしょうか？

そして、企業の目的とは何でしょうか？　企業経営をするうえで具体的に必要なものとは何でしょうか？　また、「経営学」とは何でしょうか？

これらの問いは経営学を学ぶうえで最も基礎的な問いであり、同時に最も重要な内容を含んでいます。本章では、以降の章にも共通する「経営学」の基礎的な部分の学習をしていきます。経営学に関して、興味や関心があり、「学びたい」という意志があれば、新しい発見が得られると思います。

さあ、新しい学問のページを開きましょう！

●キーワード

□ 企業
□ 製品
□ サービス
□ 利害関係者（ステークホルダー）
□ 継続企業の前提（ゴーイング・コンサーン）
□ 経営資源

1 企業経営とは

1 ── 企業とは

❶ 私たちの生活に関わる「企業」

　早速ですが、みなさんの日常生活において、「**企業**」とはどのような関わりがあるのでしょうか。例えば、私たちはコンビニエンスストアでおにぎりやペットボトル飲料を買ったり、あるいは、公共料金の支払いやコンサートなどのチケットを購入したりすることができます。これらは当たり前のことに思えるかもしれません。しかし、おにぎりやペットボトル飲料といった「**製品**」は一体誰がつくっているのでしょうか。あるいは、なぜ公共料金の支払いやチケットの購入といった「**サービス**」を利用できるのでしょうか。

　当然、これらは自然に発生したものではありません。企業が私たちの生活や社会に役立つ「製品」や「サービス」を生み出し、提供しているのです。そして、もう一つ重要なことは、企業では多くの人たちが共に働いており、個々の活動を企業全体としてまとめあげるための「仕組み」が存在するということです。

　例えば、コンビニエンスストアのおにぎりも、新しい味を研究・開発する部門の人たちや、おにぎりをつくる部門の人たち、また、できあがったおにぎりを全国のコンビニエンスストアに届ける部門の人たちと、多くの人たちが関わっています。また、新製品のおにぎりを投入するタイミングや、つくったおにぎりの配送など、個々の活動をバラバラに行ってしまうと、たとえ個々の活動を見ると効率がよくても、企業全体の視点ではかえって非効率となってしまうことがあります。よって、企業全体の視点で最適となるように調整するためのさまざまな「仕組み」が必要となるのです。

❷ 企業の目的

　では、企業は何のために「製品」や「サービス」を生み出し、提供しているのでしょうか。言い換えると、企業の目的とは何でしょうか。

　みなさんが高等学校時代に使用した「現代社会」「政治・経済」の教科書や経済学の教科書では、企業の目的は「利益（利潤）の最大化」「利益の追求」と言及されているものが多いと思います。また、企業は「**営利組織**」ともいわれており（「組織」については、第8・9章で詳しく見ていきます）、利益を出すことはもちろん重要なことです。

　しかし、企業の目的を単純に「利益（利潤）の最大化」「利益の追求」としてしまってもよいのでしょうか。例えば、利益を最大化するために、消費者をだまして、売りつけてもよいのでしょうか。あるいは、有害物質が混ざった汚水を対策や処理することなく、そのまま垂れ流してもよいのでしょうか。もちろん、許されないことです。これらは少し極端な例かもしれませんが、企業の目的を一義的に「利益（利潤）の最大化」「利益の追求」としてしまうと、企業の暴走を招く危険性があるということです。最悪の場合、企業の存在そのものが、消費者や社会といった、企業の「**利害関係者（ステークホルダー）**」（図序－1）にとって「悪」となってしまうということです。

　また、同時に企業は、利益を出せば終わりではありません。獲得した利益を使って新しい製品やサービスを生み出したり、労働者や株主などに配分・還元をしたりするなど、企業の存続や成長、発展を目指していきます。ちなみに、今日の企業経営においては「**継続企業の前提（ゴーイング・コンサーン）**」と呼ばれており、企業活動を行っていくうえで重要な前提条件となっています。

　つまり、企業は、すべての利害関係者にとって「良いこと」を行うことで利益を獲得し、企業の存続や成長、発展を目指していくことが目的といえます。

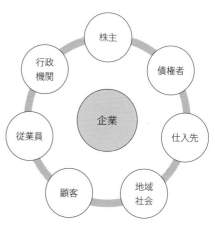

図序－1　企業のステークホルダー

2 ── 経営とは

　先にも述べた通り、企業の目的は、「すべての利害関係者にとって『良いこと』を行うことで利益を獲得し、企業の存続や成長、発展を目指していくこと」です。そして企業は、この目的を達成するために、企業全体の視点で最適になるように調整するための、さまざまな「仕組み」を構築しています。

　では次に、「経営」とは何でしょうか。『広辞苑（第6版）』によると、3つ目の意味として、「継続的・計画的に事業を遂行すること。特に、会社・商業など経済的活動を運営すること。また、そのための組織」とあります。英語では「経営」のことを「Management」といいます。この「Management」の動詞形は「manage」で、後ろにto不定詞を伴うと「どうにか〜する」「何とか〜する」「うまくやりくりする」という意味になります。まさに、「Management」はこの「やりくり」が重要な意味を持ちます。

　みなさんは「タイムマネジメント」という言葉を聞いたことはあるでしょうか。例えば、今週の日曜日までにレポートを3本完成させなければいけないとします。しかし、平日は講義やバイトもありますし、土曜日はデートの予定があります。このような状況のなかで、「レポートAは講義の空コマで完成させる」「レポートBはバイトが終わってから毎日1時間ずつ書いて完成させる」「レポートCは日曜日に一気にやる」などと計画し、実行に移します。このように「タイムマネジメント」は、限られた時間のなかで、うまくやりくりし、時間配分をしているといえます。

　そして、これは企業経営においても同じことがいえます。企業の目的は、「すべての利害関係者にとって『良いこと』を行うことで利益を獲得し、企業の存続や成長、発展を目指していくこと」と学びましたが、この「良いこと」は当然、立場や状況によって異なります。そして、これらは時に対立する場合もあります。例えば、利益の扱いに関して、従業員は「給与や賞与のアップ」を主張するでしょう。また、株主は「配当[1]の増額」を主張するでしょう。どち

★1　企業が株主に利益を分配することをいい、株主が保有する株数に比例して分配されます。

らの主張も、それぞれの立場で考えれば当然の主張です。しかし、利益の額は限られているので、最終的に誰かが責任を持って、決めなければなりません。

　では、一体誰が責任を持って決めるのか。まさに、これこそが「**経営者**」の仕事なのです。「経営者」はこれらの利害対立の調整も含めて、やりくりをしていくのです。もちろん、ありとあらゆることを「経営者」が決めるわけではありません。それぞれの仕事において、担当者や責任者はいますが、企業経営における、最終的な意思決定の責任者は「経営者」となるのです。

　では、企業経営は、一体何を「やりくり」するのでしょうか。

2　企業経営に必要なもの

1 ── 経営資源：「人的資源（ヒト）」

　企業経営を行ううえで必要となるさまざまな資源や能力を「**経営資源**」といいます。経営者はこの「経営資源」を上手にやりくりし、企業経営を行うのです。

　まず1つ目は「**人的資源（ヒト）**」です。企業経営において、「ヒト」はさまざまな種類に区分できます。例えば、正社員・アルバイト・パートといった「雇用形態」で区分できます。また、工場の現場で働く現場作業員もいれば、オフィスのデスクワークを行う従業員や研究所で働く研究者もいますし、これらを管理監督する「監督者」や「マネージャー」と呼ばれる人たちもいます。あるいは、製品を企画する人、生産する人、営業をする人などと区分することもできます。このように、企業はさまざまな役割を担う「ヒト」が必要となるのです。

　よって、企業はこれらの「ヒト」を調達・配置しなければなりません。どのような専門知識や技能を持つ人材をどれほど調達し、社内のどの部門へ配置するかを決めなければいけません。また、適切な報酬を支払わなければ、これらの人材は流出してしまいますし、企業の将来を見据えた教育も実施していかなければいけません。このほかにもさまざまなことを決めなければなりません。そして、これらに関わる主な責任者は人事担当者となりますが、企業としての

最終決定を行うのは「経営者」となります。

2 ── 経営資源：「物的資源（モノ）」

　2つ目は「**物的資源（モノ）**」です。「モノ」には、工場やオフィスが立地する「土地」や「建物」、工場に導入される「機械」、営業に使用する「車両」、オフィスで使う机やイス・パソコンといった「備品」などがあげられます。「ヒト」が作業・仕事をするためには、「モノ」が必要となるのです。

　また、製品をつくるうえで用いる「原材料」や「部品」、製造途中の「仕掛品」や「半製品」、最終的に完成した「製品」なども「モノ」に含まれます。そして、これらをどのように調達・配置するかについては、それぞれの担当者が責任者となりますが、企業としての最終決定を行うのはこれも「経営者」となります。

　ちなみに、「モノ」は原則、企業の「**貸借対照表**」の「**資産の部**」に記載されています（「貸借対照表」については、第12章で詳しく学びます）。

3 ── 経営資源：「貨幣的資源（カネ）」

　3つ目は「**貨幣的資源（カネ）**」です。上記2つの資源を調達するには、当然「資金」が必要となります。では、企業はその「資金」をどのように調達するのでしょうか。

　1つ目は、銀行などの金融機関から「借り入れ」をする方法です。「借り入れ」とは、簡単に言うと「借金をする」ということです。「資金調達」の方法としては、イメージしやすいと思いますが、どの企業も必ず借り入れができるわけではありません。金融機関は、この企業にお金を貸しても返済ができると判断した企業にしか、お金を貸しません。また、借り入れをした企業は、元本の返済と利息を支払う義務が生じます。

　2つ目は、債券（社債）を発行する方法です。「債券」とは、国や企業などの発行体が、投資家から資金を借り入れるために発行する有価証券です。これも、銀行からの借り入れ同様、元本の返済と利息を支払う義務が生じます。

上記２つの方法は、どちらも元本の返済と利息を支払う義務が生じるものであり、「貸借対照表」上では、「**負債の部**」に記載されています。

これに対し、３つ目の方法は「**株式の発行**」です。これは株式を新たに発行し、投資家らにその株式を購入してもらい、それを資金とする方法で「**株式会社**」のみができる方法です（「株式会社」については、第１章で詳しく学びます）。上記２つの方法と大きく異なる点は、元本と利息を支払う義務がないという点です。よって、「貸借対照表」上では、「**純資産の部**」（**資本金・資本準備金**）に記載されています。

ただし、「株式の発行」においては、注意点がいくつかあります。まず、その企業が「**上場**」していなければなりません。「上場」とは、証券取引所で株式の売買が認められることです。もちろん、「上場」するためにはさまざまな審査等をクリアしなければいけませんし、上場後もさまざまな基準をクリアしなければ維持できません。また、無制限で行えるわけではありません。これは「会社法」によって規定がなされています。

以上が主な資金調達の方法ですが、企業の「資金」として「**内部留保**」もあげられます。「内部留保」とは、利益から、税金や配当金、役員賞与といった社外へ支払う分を引いた残りを指します。簡単に言うと「今までため込んできたお金」です。当然、内部留保がたくさんあれば、あえて外部から資金調達をする必要性は少なくなります。

そして、これらをどのように調達・分配するかについては、財務担当者が責任者となりますが、企業としての最終決定を行うのはこれも「経営者」となります。

4 ── 経営資源：「情報」

４つ目は「**情報**」です。経営資源としての「情報」は、さまざまな研究結果や技術・ノウハウ、顧客情報、組織風土といった企業内部で蓄積されるものと、企業のイメージやブランド・信用といった企業外部で蓄積されるものがあります。そして、これらの多くは、「ヒト・モノ・カネ」と異なり、可視化しにくく、

同時多重利用できる点が特徴です。

　そして、これらを企業の内外にどのように蓄積・活用するかについては、企業全体での取り組みが重要であり、「経営者」が主導していくことになります。

3　企業経営の仕組み

1 ── 事業活動の流れ

　ここまでの内容をまとめると、企業（経営者）は、「経営資源（ヒト・モノ・カネ・情報）」を上手にやりくりし、それらを組み合わせて、新たな製品やサービスを生み出します。そして、生み出した製品やサービスの価値を「**市場**」に投入し、消費者がその価値を認めれば、それらが購入・利用・使用され、企業は売上や利益を獲得することができます。さらに、これらの活動を通じて、すべてのステークホルダーの要望に応えながら、企業の存続や成長、発展を目指していくのです。この一連の流れを示したものが、図序－2です。

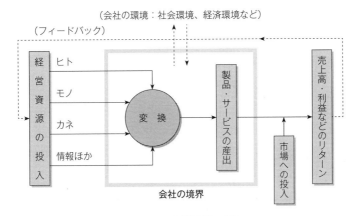

図序－2　事業活動の流れ

出典：上林憲雄ほか(2018)『経験から学ぶ経営学入門（第2版）』有斐閣　p.13

② ―― 経営戦略と組織の必要性

　上記の一連の流れは自然発生的には起こりません。どのようにしていきたいかという「考え」や「展望」、つまり「**戦略**」が必要です。企業経営においては、さまざまなレベルの「戦略」が必要です。例えば、企業全体としての「戦略」も必要です（これは「**全社戦略**」といい、第3章で詳しく学びます）。当然、各事業・製品ごとの「戦略」も必要です（これは「**競争戦略**」といい、第4章で詳しく学びます）。ほかにも、自社が生み出した製品やサービスを「**市場**」に投入し、消費者に認知してもらい、届けるまでの「戦略」も必要です。また、まったく新しい価値を生み出すためにも「戦略」が必要です。これらは「**機能別戦略**」に該当します。前者は「**マーケティング戦略**」、後者は「**イノベーション戦略**」といいます（「マーケティング」に関しては第6章で、「イノベーション」に関しては、第7章で詳しく学びます）。あげればきりがありませんが、このような企業経営における戦略をまとめて「**経営戦略**」といいます（第2章で詳しく学びます）。

　そして、「戦略」を実行するための「仕組み」も必要となります。上記の事業活動を実現する仕組みを「**ビジネスシステム**」といいます（第5章で詳しく学びます）。また、企業全体の視点で最適となるように調整するための「仕組み」として「**組織**」というものがあります（「組織」に関しては、第8・9章で詳しく学びます）。さらに、この「組織」を構成するのは「人的資源（ヒト）」です。その組織で働く人の「**モチベーション**」や「**キャリア**」も重要です。（「モチベーションとキャリア」に関しては、第10章で詳しく学びます）。また、組織をまとめあげるうえで「**リーダーシップ**」も重要です（「リーダーシップ」に関しては、第11章で詳しく学びます）。

　このように「経営戦略」と「組織」は密接に関わっています。これについては、第2章で詳しく学んでいきますが、いずれにせよ「経営学」は、これら「企業経営」に関するさまざまな内容について、「正しいことを上手に行う」ための考え方や方法を学ぶ学問といえます。

　そこで、まずは、次の第1章において「そもそも『企業』とは何か」という

ことについて学んでいきます。私たちの生活において当たり前に存在する「企業」ですが、どんな特徴や形態があるのか、そして、株式会社とは何かについて学んでいきましょう。

Column

経済学と経営学

　そもそも「経済学」と「経営学」は、一体どのような違いがあるのでしょうか。さまざまな定義はありますが、井堀利宏は、「経済学」とは、「さまざまな人や組織（＝**経済主体**。家計、企業、政府など）が市場でモノ（＝**財、サービス**）やお金を交換しあう行動（＝**経済行動**）を、ある仮説をもとにモデル化し、シンプルかつ理論的に説明しようとする学問」[1] としています。また、「経済学は、経済主体が経済的に合理的な行動をすると想定しています」[2] とあります。さらに、経済学は大きく「ミクロ経済学」と「マクロ経済学」の2つの分野に分けられます。井堀は、ミクロ経済学は「個々の経済主体の主体的な最適化行動を前提として、ある個別の市場でどんな経済活動が行われているかを分析したり、産業の間の関連を考えたりするもの」[3] としています。これに対して、マクロ経済学は「物価、インフレーションや失業、国民総生産の決定、経済成長など国民経済全体（マクロ）の経済の動きに関心を寄せます」[4] とあります。また、ミクロとマクロはお互いが補い合う関係にあるともしています。

　以上の内容から、「ミクロ経済学」と「経営学」は、「企業」を対象とする点では共通しています。しかし、大きな違いがあります。

　まず、「ミクロ経済学」は「**ある個別の市場**でどのような経済活動が行われているか」を対象としています。つまり、「ミクロ経済学」では「市場のメカニズム」そのものを中心としており、「企業」を資金や労働力などのさまざまな生産要素を投入すると、生産物として製品やサービスを産出する機械のようなものとし、市場の構成要員の一つとして捉えています。よって、インプットからアウトプットへの変換については対象ではないので、基本的には分析概念として「組織」は含まれません。

　これに対し「経営学」は、「市場における**それぞれの企業**がどのような活動を行っているか」を対象とし、「個々の企業の活動」を中心としています。当然、経営者や従業員が、インプットからアウトプットへの変換にどのように関わっていたかを見ていくので、「組織」は重要な存在とされています。

　もちろん、「経済学」もさまざまな分野があるので一概には言えませんが、これらの違いを認識したうえで「経済学」を学ぶと、「経営学」の理解がより深いものとなります。

演習問題

① 4つの経営資源のなかで、あなたが最も重要だと思うものを、理由とともにあげてみましょう。

② 三大コンビニエンスストアチェーン（セブン-イレブン・ローソン・ファミリーマート）について、ここ3年間の各チェーンの店舗数と日販（1店舗における1日当たり売上高）を調べてみましょう。また、売上を上げるために各チェーンが行っている主な取り組みも調べてみましょう。

③ あなたが、経営学を学ぶことの意義や目的を考えてみましょう。

★さらなる学びのためのブックガイド★

●伊丹敬之・加護野忠男 (2003)『ゼミナール 経営学入門（第3版）』日本経済新聞出版社
600ページを超える本ですが、「経営学」について体系的に学べる名著です。また、「経営学」について理解が深まってから読み返すと新たな理解や気付きも得られると思います。

●加護野忠男 (2010)『経営の精神—我々が捨ててしまったものは何か—』生産性出版
本書の冒頭には「最近の日本企業を見ていると、経営を支える大切なものが失われてしまったように思えてならない」と書かれています。日本企業は何を失い、そして、どのようにすればそれを取り戻すことができるのかについて述べられている、興味深い内容の一冊です。

●勝見明 (2008)『セブン-イレブンの16歳からの経営学』宝島社
コンビニエンスストア業界最大手の「セブン-イレブン」がなぜすごいのかということについて、初学者にもわかりやすく書かれています。「顧客の立場」で考えるとはどういうことか、その本当の意味を理解できると思います。ちなみに「まんがでわかる」シリーズにもなっています。

●坂下昭宣 (2014)『経営学への招待（新装版）』白桃書房
「経営学」の学術書として、戦略論から組織論まで幅広く書かれている一冊です。少し事例が古いかもしれませんが、理論の説明は非常に丁寧に明瞭に書かれています。

●藤沢武夫 (1998)『経営に終わりはない』文藝春秋
本田技研工業株式会社（Honda）といえば「本田宗一郎」が思い浮かびますが、その彼とまさに二人三脚で本田技研工業を世界的企業に育て上げた名経営者の半生が書かれています。私自身も大学1年生の時に読んで、大いに感銘を受けた一冊です。

Business Administration

第 1 章
企業とは

●本章の概要

　序章で学んだように、「経営学」とは「企業経営」を学ぶ学問です。

　それでは、「企業」とはいったいどのような特徴を持ち、何を目的として設立されるのでしょうか？　そもそも「企業」と「会社」は同じものでしょうか？　会社にはどのような種類があるのでしょうか？

　このように「企業」について考えることは、経営学を学ぶうえでの出発点となります。本章では、企業と会社の違い、会社の特徴やその目的、種類などについて学んでいきます。特に、現代の企業の代表的な存在である「株式会社」について、その特徴を詳しく学びます。みなさんも「企業とは何か？」という問いの答えを探してみてください。

●キーワード

- [ ] 営利組織
- [ ] 継続企業の前提（ゴーイング・コンサーン）
- [ ] 法人格
- [ ] 企業の種類
- [ ] 会社法
- [ ] 株式会社
- [ ] 株主総会
- [ ] 取締役会

1 企業の特徴 ─────────────────────●

1 ── 営利組織

　序章で学んだように、企業は、さまざまな製品やサービスを提供しています。そう考えると、企業はみなさんの日常生活に関わりが深い、身近な存在といえます。また、企業とは、事業から「利益」を生み出すことを目的とした「組織」、つまり「**営利組織**」であるといえます。

　ただし、企業は「利益」のみ、「儲け」のみを追求する組織ではありません。製品やサービスを提供する際には、法律やルールにのっとって事業を行うことはもちろん、環境や資源に配慮することも求められます。顧客に対しては、「適切な価格で提供されているか」「品質や効能に虚偽がないか」「安全性などに問題はないか」といったことが問われます。さらに、従業員やその家族、地域社会、場合によっては他国の人たちに対する影響を考慮する必要も生じます。現代の企業は、「利益」を追求すると同時に、こうした事柄に対して責任ある行動を取る必要があります。

　一方近年では、「利益」を目的としない「**非営利組織**」が注目されています。「**NPO**（Non-Profit Organization）」とも呼ばれ、その活動分野は、まちづくり、観光、環境保全、教育、災害支援など多岐にわたります。「非営利組織」は、企業や行政では対応困難な社会的課題に取り組むことで、重要な役割を果たしています。

2 ── 継続企業の前提（ゴーイング・コンサーン）

　企業のもう一つの特徴は、取引や事業の「継続性」にあります。

　企業は、資金を確保して、従業員を雇用し、機械や設備を購入し、原材料を用意したうえで、顧客の求めに応じて製品やサービスを提供しています。

　しかし、こうした企業の活動は、1回限りの取引では立ち行きません。企業

が存続や成長、発展をしていくためには、事業を継続的に行うことが必要となります。つまり、現代の企業は「**継続企業の前提（ゴーイング・コンサーン）**」のもとに設立されています。

　企業は継続的な活動を行うことによってはじめて、従業員を長期にわたって雇用し、設備や原材料を購入し、資金提供者（出資者）に利益を定期的に還元することができるようになります。さらに、こうした活動が長期にわたることで、企業は規模を拡大したり、さまざまな分野へ進出したりするなど、自らを成長させていくことも可能となります。

3 — 企業の存在意義

❶ 企業競争の影響

　企業は、製品やサービスの提供を通じて、私たちの暮らす社会を豊かにしてくれますが、かつての社会主義諸国では企業活動を否定して、国家が製品やサービスの提供を行っていました。しかし、そこで提供された製品やサービスの質は悪く、国民の満足度は低い状況にあるなど、結局その仕組みはうまくいきませんでした。

　一方、資本主義社会においては、同じ分野で活動する企業との間で、顧客の獲得をめぐって競争が行われます。そうした企業同士の競争は、製品やサービスをより良いものとし、提供する価格も市場での競争に基づいたものとなるため下がります。その結果、顧客にとっても、そして社会全体にとっても、望ましい状態になります。

　しかし、企業競争は万能ではありません。競争に敗れた企業は、売上や利益が減少し、倒産に至る場合もあります。また、競争に勝つことを優先するあまり、不正な取引や環境破壊などを行う企業もあります。企業には、法令を遵守することはもちろん、企業競争により生じるリスクを考慮して、それを回避するように活動することが求められます。

❷ 利害関係者への影響

　企業のなかには、数万人の従業員を抱える巨大企業や、複数の国や地域で事業を行うグローバル企業など、大規模で複数の事業を展開している企業が少なくありません。

　企業の活動が大規模になり、活動分野が広範囲になればなるほど、企業の影響を受ける関係者も多くなってきます。序章でも学んだ通り、そうした影響を受ける関係者は「**利害関係者（ステークホルダー）**」と呼ばれます。代表的な利害関係者には、顧客、従業員、取引相手、株主などがあります。そのほかにも、国や地域社会、金融機関などに影響を及ぼすこともあります。

　このように、企業の利害関係者は多数で広範囲にわたっていることから、企業には「社会的な責任」が求められます。

❸ 社会的意義

　企業が顧客に対して製品やサービスを提供することで、企業には「利益」が、顧客には「満足」が生まれます。一方で企業は、法律や規制を遵守し、社会や環境に有害とならないような活動を行うことを求められます。

　経営学者であるドラッカー（Drucker, P. F.）は、企業は「第一に事業体としての機能を果たしつつ、第二に社会の信条と約束の実現に貢献し、第三に社会の安定と存続に寄与しなければならない」[1]と述べています。つまり、現代の企業には、「利益」をあげることはもちろん、社会全体にとっても「有益」で「意義」のある活動が求められています。

2 企業形態

1 —— 法人格と自然人

❶ 私的利益と私企業

　前節で、企業は「利益」を目的として活動する組織だと述べましたが、実は

その「利益」にも種類があります。

　企業が事業を通じて追求する「利益」は、「私的利益」と呼ばれます。そして、「私的利益」を追求する企業を**「私企業」**といいます。

　一方、地域や社会全体の利益といったものも存在しています。これらは「公共の利益」と呼ばれ、これを追求する企業は「公企業」と呼ばれています。代表的なものとして、地下鉄・バスなどの公共交通を担う企業や、電気・ガスなどを供給する企業があります。

　現実の社会では、「私企業」は数の多さや規模の大きさなどの面からみて、現代の企業を代表する形態だといえます。

❷ 法人格と自然人

　「私企業」は、大きく**「個人企業（個人事業主と呼ばれることもあります）」**と**「会社」**と呼ばれる2つの形態に区別されます。「会社」と呼ばれる企業は、さまざまな「権利」を持つと同時に「義務」も負っていますが、これらは法律（日本では**「会社法」**）によって規定されています。

　このように、現代の社会においては、企業はあたかも人間、つまり**「自然人」**のように「権利」や「義務」を負う能力、つまり「人格」が「法律」によって認められると考えます。それを**「法人格」**と呼びます。会社は、法律によって「法人格」を得ることで、あたかも「自然人」と同じように、土地や現金などの「財産」を保有し、ほかの企業や個人と「契約」を結ぶことができるようになります。

　また、「自然人」には寿命がありますが、企業には寿命はありません。日本の企業のなかには、創業から100年を超える企業も少なくありません。

2 ── 企業形態の種類と分布

❶ 企業と会社

　一口に「企業」といっても、さまざまな種類があります。先に述べた「個人企業（個人事業主）」「会社」のほかにも、農業協同組合（農協）・生活協同組

合（生協）などの「組合」、学校法人や医療法人などの「（会社以外の）**法人**」
などがあります。つまり、「会社」は企業の一部だと考えられます。

　企業のなかでは、「個人企業」と「会社」の数が圧倒的に多い状況にあります。
個人企業は、「個人事業主」とも呼ばれ、「個人」が出資して経営を行いますが、
資金の確保や事業の継続性の面で限界があります。一方、「会社」は複数によ
る出資が可能となりますので、より大きな資金を確保することが可能となりま
す。したがって、企業が事業活動を継続的に行うためには、現実の社会では「会
社」を設立することになります。なぜなら、企業が事業を行うためには、序章
で学んだヒト（従業員）、モノ（原材料など）、カネ（資本）といった「経営資
源」の確保が前提であり、そのためには大きな資金が必要となるからです。

❷ 企業の形態と種類

　「会社」にはいくつかの種類があります。日本では「会社法」により、出資
者の責任の範囲などによって、「**合名会社**」「**合資会社**」「**合同会社**」「**株式会社**」
の4種類に区分されています（表1−1）。

◆合名会社

　「合名会社」は、複数の出資者による共同出資の形をとりますが、すべての
出資者が、会社の債務に責任を負う「**無限責任**[1]」が課せられます。こうし

表1−1　会社の形態と種類

		出資と責任	経営
個人企業		一個人の無限責任	個人
会社法における会社	合名会社	複数による共同出資形態 無限責任	出資者の合議制
	合資会社	複数による共同出資形態 一部は有限責任の出資者	無限責任の出資者による合議制
	合同会社	複数による共同出資形態 有限責任	有限責任出資者の合議制
	株式会社	資本金のすべてを株式化 （間接）有限責任の株主	株主総会で経営者へ委託

たりリスクがあるため、経営を出資者以外の誰かに委ねることが難しく、出資者が話し合う「合議制」という形で直接経営を行います。

◆合資会社

「合名会社」の課題は、出資者が「無限責任」を負うため、出資者を見つけることが難しいことと、その結果として大きな資金を確保することが難しいという点です。その課題を緩和するのが「合資会社」です。「合資会社」では、経営は「無限責任」を負う出資者が「合議制」で行いますが、出資者の一部は出資した資金のみ責任を負うという「**有限責任**[2]」をとっています。

◆合同会社

日本で初めて会社に関する法律が制定されたのは、1899（明治32）年に制定された「商法」です。商法では、「合名会社」「合資会社」「株式会社」という３つの形態が規定されていました。戦前には、三井や三菱といった旧財閥が、「三井合名会社」「三菱合資会社」など、「合名会社」あるいは「合資会社」として会社を設立しています。これは出資者を財閥の関係者に限定することで、多数の関連会社を統率するのに効率的であるという理由から採用されたものです。

一方、会社法によって新しく規定されたのは「合同会社」です。「合同会社」では、「**有限責任**」の出資者による共同出資の形をとり、経営は出資者の「合議制」で行われます。出資者と経営者が同じであることから、意思決定を迅速に行うことができるほか、出資者は「有限責任」である、設立の費用が少ない、利益の配分を自由に決められるといったメリットがあります。

◆株式会社

「株式会社」では、出資者は「**株主**」と呼ばれ、すべての出資者が「（**間接**）**有限責任**[3]」であり、経営に関する意思決定は「**株主総会**」で行われます。

株主総会は「最高意思決定機関」として位置付けられ、定款（会社の組織、

---

[1]　「無限責任」とは、会社の債務について、会社の財産で弁済しきれない場合等に、出資者が出資額の範囲を超えて弁済する責任をいいます。

[2]　「有限責任」とは、会社の債務について、会社の財産で弁済しきれない場合等に、出資者が出資額の範囲内で弁済する責任をいいます。

[3]　「間接責任」とは、会社の債務について、出資者が債権者に対する責任を直接負うことはなく、会社を通じて間接的に負うことをいいます。

事業などの基本的な規則を定めたもの）の決定・変更、取締役の選任、会社の解散・合併や経営方針を決定します。

　一方、日々の会社の経営は、出資者が直接経営を行うのではなく、経営の専門家である「**取締役**」たちに経営を委ねます。このことは「**所有と経営の分離**」と呼ばれます（「株式会社」については、次節で詳しく説明します）。

❸ 企業の分布

　現在日本には、「個人企業」は197万9,019社（2016［平成28］年度）、「会社」は270万6,627社（2017［同29］年度）が存在しています（表1-2）。そのうちの253万7,667社（93.8％）と最も多いのが「株式会社」になります。「合名会社」は3,814社（0.1％）、「合資会社」は1万6,112社（0.6％）と、両方を合計しても1％に満たない状況にあります。

　一方、増加傾向にあるのが「合同会社」です。会社法が施行されて間もない2007（平成19）年度には3,998社でしたが[2)]、2017（同29）年度には8万2,931社と急増しており、この10年間で約20倍の規模に達しています。

　先に見たように、「合同会社」は、意思決定を迅速に行うことができるなど、さまざまなメリットがあり、「理想の会社」ともいわれ、これからも設立が増加すると見込まれます。最近では、グーグルの日本法人、アマゾンジャパン、西友など、大手の「株式会社」が「合同会社」に変更されて話題になりました。

表1-2　企業の形態と分布

個人企業数 (2016[平成28]年度)	会社法における会社数 (2017［平成29］年度)					
	株式会社	合名会社	合資会社	合同会社	その他	合計
1,979,019	2,537,667 93.8%	3,814 0.1%	16,112 0.6%	82,931 3.1%	66,103 2.4%	2,706,627 100.0%

出典：個人企業数は、経済産業省（2018）「平成28年経済センサス―活動調査（確報）産業横断的集計結果の概要」p.5
　　　会社数は、国税庁（2019）「平成29年度分会社標本調査―調査結果報告―」p.14

3 株式会社とは ————————————————————●

1 ── 株式会社の特徴

❶「株」という方式

　企業を設立する際に資金の確保は重要となりますが、その方法として、自己資金、銀行などからの借り入れのほかに、第三者から出資を募る方法があります。その際、出資者（株主）に対して証明書として「**株**」を発行します。つまり株式会社とは、「株式」（株という方式）によって設立された会社ということになります。

　会社法では、株主を会社の「**所有者**」とみなして、会社における株主の権利を規定しています。その1つ目は、「**議決権**」です。株主は株主総会に参加して、議決する権利を有しています。2つ目は、「**剰余金配当請求権**」です。株主は、会社が生み出した利益を「配当」として受け取る権利があります。3つ目は、「**残余財産分配請求権**」です。（倒産などにより）会社を解散する際に、財産を清算して残った資産を受け取ることができる権利です。

❷ 株式会社の特徴

　株式会社は「人類最大の発明」とも言われることがありますが、その特徴は大きく3つあります。

　第1の特徴は、「株」の発行です。会社を設立して事業を行うには、資金が必要となります。その際、大きな資金を提供できる「数少ない人」を探すよりも、小さな資金を「多くの人たち」から提供してもらう方が、より多くの資金を容易に集めることが可能です。そう考えると、「株」の発行は、必要な資金調達を実現するために大変便利な仕組みといえます。

　また「株」は、その所有権を他者へ譲渡することが可能であり、出資者にとって出資金の回収や現金化が容易となりました。例えば出資者は、配当を長期にわたって受け取るほかに、株を譲渡することで一時に資金を受け取ることも可

能です。その結果、株を売買する「**株式市場**」が発達しました。そして「株式市場」の発達は、出資者が有望な会社を探すことを、会社側では資金の確保を、さらに容易にしていきました。

　第2の特徴は、先にも述べた通り、出資者の（間接）有限責任です。株主は会社経営に関する権利を持ちますが、一方で株主は出資した金額以上の負債を負う責任がない「（間接）有限責任」となります。株式会社ができる前は、「無限責任」が一般的でしたので、「（間接）有限責任」による出資者のリスク軽減は、多くの出資者を生み出すことになりました。

　第3の特徴は、「経営の自由度が高い」という点です。出資者（株主）は会社の最高意思決定機関である「株主総会」において、事業方針に対する賛否や、経営を委ねる専門家である「取締役」を決定します。このように、出資者は会社を「所有」する立場にあり、事業に対する決定権を持ちますが、実際の「経営」は専門経営者である「取締役」が行います。これにより、経営に関する高度で専門的な知識を有する人が「**経営者**」となり、経営者の「裁量の余地」が大きく広がって迅速な意思決定が可能となります。特に、経済や社会の変化が激しい現代社会において、多様な分野でグローバルな事業をタイムリーかつスムーズに行うことができる点が大きな特徴です。

2 ── 株式会社の機関

❶ 株主総会

　株式会社はいくつかの機関で構成されています（図1−1）。

　最も重要な機関として「株主総会」があります。「株主総会」は、株式会社における最高の「**意思決定機関**」であり、通常は年に1回、決算期に開催されます。そして、その会社の基本的な事項、事業の方針を決定します。例えば、「定款」の決定・変更、経営を委ねる専門家である「取締役」の選任、会社の解散や合併、毎年の経営方針の決定などです。

　株主総会における決議は1人1票ではなく、1株1票として決定されますので、多くの株を保有する「大株主」ほど、会社の経営に対して大きな影響力を

発揮することができます。

❷ 取締役会

　株主総会は、通常は年に1回しか開催されません。しかし、会社の活動は日々行われていますし、経営の面で重要な決定を行う必要が生じてきます。

　そこで、実際の会社の活動や具体的な事業など、経営に関する意思決定を行う機関として、「取締役会」が位置付けられています。つまり、実際の経営を行う機関は、「**取締役会**」ということになり

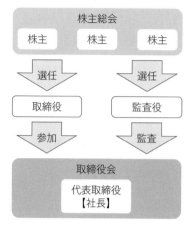

図1−1　株式会社の機関

ます。株主総会で選任された取締役で構成する「取締役会」の最大の任務は、出資者（株主）の利益を守るために経営を監督することにあります。

❸ 代表取締役・監査役

◆代表取締役

　会社の役職で最も代表的で、みなさんもよく知っているのは「社長」だと思います。実は「社長」というのは、「部長」や「課長」といった、個々の会社ごとの役職の一つにすぎません。会社法では、会社を代表して業務を執行する「代表権」を持つ取締役を**代表取締役**と規定しています（こちらの方がみなさんのイメージする社長に近いかもしれません）。

　最近では「社長」ではなく、「**CEO**（Chief Executive Officer：最高経営責任者)」という名称を用いることが多くなりました。この「CEO」は、元々はアメリカやヨーロッパで用いられていた肩書でしたが、ビジネスがグローバル化するなかで、日本でも社長と同じような意味で「CEO」を名乗る経営トップが多くなってきました。

◆監査役

　取締役たちの業務について監査を行うのが「**監査役**」になります。「監査役」

も株主総会で選任されます。

　「監査役」は取締役会に出席して、会社の業務執行に対して意見を述べるほか、会社の財務や会計に関する書類に目を通して、違反や虚偽がないか「会計監査」を行います。

　時々、大手企業の「粉飾決算」がマスコミなどで話題となりますが、こうした事態が生じると、取締役だけでなく、会計の虚偽を見抜けなかった「監査役」の責任も問われます。「監査役」は企業の「お目付け役」ではありますが、近年その責任は増しています。

　以上の内容につきましては、第13章第2節の「コーポレート・ガバナンス」で詳しく学びます。

Column

株式会社の歴史

　株式会社は、「オランダ東インド会社」（1602年）が起源とされています。それ以前にも「会社」はありましたが、このオランダ東インド会社には大きく3つの特徴があります。

　第1に、「継続企業の前提（ゴーイング・コンサーン）」のもとに設立された点です。よく比較される「イギリス東インド会社」はオランダより少し早い1600年に設立されていましたが、この会社は航海のたびに出資を募り、終わるたびに清算・解散する方式で運営されていました。一方、オランダ東インド会社では、出資金は10年間据え置かれ、その間、出資者は事業から退出できないことにしました。このことは当時としては画期的でした。

　第2に、「有限責任」の採用です。当時は会社が倒産した場合、出資者がその負債（借金）まで引き受ける「無限責任」のもとで会社が運営されていました。ところが、オランダ東インド会社では、出資した金額以上の損失を負うことがない「有限責任」をとりましたので、出資者のリスクは大きく軽減されました。

　そして第3に、資金調達方式です。それまでは、航海のたびに大口の資金を提供してくれる王侯貴族に頼るほかなく、必要な資金の確保には大変な苦労がありました。しかし、「オランダ東インド会社」は、小口の費用を広く集める方法を採用し、結果として大きな資金を確保することができました。

　一方、日本では、江戸時代までは会社に相当する組織が存在せず、商人や職人が個人経営の「商店」で事業を行っていました。その後、明治期に入り、日本でもアメリカやヨーロッパを模範として、会社制度を導入する動きが出てきました。そうしたなかで、1873（明治6）年に渋沢栄一（2024［令和6］年発行予定の1万円紙幣の図柄に採用）が、日本で最初の株式会社として「第一国立銀行」を設立します。

　このように、株式会社は世に初めて登場してから400年、日本では140年ほどしか経過していない、比較的新しい仕組みといえます。

演習問題

①NPOに代表される「非営利組織」が近年注目されています。「非営利組織」にはどのような種類や特徴があり、どのような目的で設立されているのか調べてみましょう。

②株式会社以外の企業形態の事例を見つけて、出資者や経営者、設立の目的、事業内容などを調べてみましょう。

③みなさんが知っている株式会社を1つあげて、株主の構成を調べてみましょう。その株主たちは、なぜその株を保有しているのか、理由も考えてみましょう。

★さらなる学びのためのブックガイド★

●P. F. ドラッカー（上田惇生訳）（2001）『【エッセンシャル版】マネジメント―基本と原則―』ダイヤモンド社
経営学の生みの親といわれるドラッカーの大著『マネジメント―課題、責任、実践―』から重要な部分を抜粋して、初学者向けにコンパクトにまとめた経営学の入門書です。「企業とは何か」といった、企業の本質を考えさせられる名著です。

●橘川武郎・平野創・板垣暁編（2014）『日本の産業と企業―発展のダイナミズムをとらえる―』有斐閣
石油危機以降の日本経済を振り返りながら、自動車、電機・電子、商社、銀行、携帯電話、アニメなどの産業における代表的な企業の動きを丁寧に解説した、産業史・企業史の入門書です。日本経済の現代史と主な企業の活動を同時に理解できる良書です。

●佐々木圭吾（2016）『みんなの経営学―使える実践教養講座―』日本経済新聞出版社
経営学のエッセンスをわかりやすく解説した入門書です。コンパクトな本ですが、現実の企業の活動を経営学の理論を使って丁寧に説明しており、経営学がビジネスでも役に立つことを実感できます。巻末のブックガイドは、初学者にとって参考になります。

Business
Administration

第 2 章

経営理念と戦略・組織

●本章の概要

　序章では、企業はすべての利害関係者にとって「良いこと」を行うことで利益を獲得し、企業の存続や成長、発展を目指していくことがその目的であること、そして、これを実現するためには「考え」や「展望」、つまり「戦略」が必要であることを学びました。しかし、これらは「意義」や「目標」によって大きく変わってきます。

　みなさんも勉強をする際や何かの資格取得を目指す際、その「意義」を明確にし、「目標」を立ててから、どのように勉強しようかという「考え」や「方法」に至ると思います。

　同じように、それぞれの企業においても、企業経営の「意義」を明文化した最上位の概念である「経営理念」のもと、経営上の「目標」である「ビジョン」が掲げられ、それらをもとにさまざまな「戦略」が立てられ、「組織」を用いて企業経営が行われています。

　本章では「経営理念」を中心として、「ビジョン」やさまざまな「戦略」などについて学んでいきますが、これらは第3章以降の学びとも大きく関わっています。

●キーワード

□ 経営理念
□ ビジョン
□ 戦略（全社［企業］戦略・事業戦略・機能戦略）
□ 組織文化・組織風土・社風
□ 戦略経営と理念経営

1 経営理念と組織醸成（経営理念の機能・重要性）──●

1 ── 企業の根本を成す「経営理念」

❶ 経営理念の役割─変わり続ける「企業」と変わらない「経営理念」─

　企業経営は、企業を取り巻く外部環境の変化に応じて常に変化を求められます。どんなに優れた製品やサービスを開発しても、時を経ると価値が低下します（製品ライフサイクル：第3章参照）。また、競合企業は競争に勝つためにさらに良い製品やサービスを開発し、市場に投入してきます。ある時点で競争に勝ったとしても、それが続く保証はどこにもありません。したがって、企業は立ち止まることなく、外部環境の変化に対応できなければ倒産してしまいます。筆者の知り合いの中小企業の経営者も、「『日本で一番大切にしたい会社』に選ばれた実績のある地方の企業が、経営危機にあるという。かつても、経済産業省の『元気なモノづくり中小企業300社』などに選ばれながら、その後、あえなく倒産した会社はあった。経営は生き物だなあ。あっという間に傾くのだ」[1]とコメントしています。経営資源が絶対的に不足している中小企業にとっては、外部環境の変化への対応が重要な問題となることを示しているといえます。

　しかしその一方で、企業には「変わってはいけない」側面も存在します。それが「**経営理念**」（Management Philosophy）です。経営理念は、「わが社はなぜ存在するのか」という個々の企業の存在意義、活動を通じた社会における役割など、企業経営の拠り所を明文化したものであり、企業経営の最上位の概念として位置付けられます。いつの時代も、どのような環境になろうとも、揺らいではいけない個々の企業の創業者の信念（Belief）や想い、企業の使命（Mission）や存在意義と社会での役割などを明らかにした「経営理念」は、企業の精神的支柱なのです。

　例えば、京セラ株式会社の経営理念は「全従業員の物心両面の幸福を追求すると同時に、人類、社会の進歩発展に貢献すること。」[2]となっています、こ

れは同社の創業者である稲盛和夫氏の「京セラは、資金も信用も実績もない小さな町工場から出発しました。頼れるものは、なけなしの技術と信じあえる仲間だけでした。会社の発展のために一人ひとりが精一杯努力する、経営者も命をかけてみんなの信頼にこたえる、働く仲間のそのような心を信じ、私利私欲のためではない、社員のみんなが本当にこの会社で働いてよかったと思う、すばらしい会社でありたいと考えてやってきたのが京セラの経営です。」[3] という想いからつくられています。このように創業者の創業時の熱い想い、創業者の企業経営を通じた社会に対する使命感を受け継ぎ、伝承していくことは、企業としての一体感を生み出していくためにも極めて重要です。企業を取り巻く外部環境が激しく変化し、企業自身の変化が求められる現代だからこそ、企業は「変わってはいけないもの」「変えてはいけないもの」である経営理念を常に確認する必要があるといえます。

❷ ビジョンの意義

　前述のように経営理念は、企業経営の根幹であり、企業で働くすべての人々（経営者と従業員）の精神的支柱といえます。しかし、日常的な企業経営においては、より具体的な経営上の目標である「**ビジョン**（経営方針）」が必要となります。経営理念が抽象的・普遍的な考え方を示すのに対して、ビジョンは個々の企業の具体的なあるべき姿や目指すべき将来像などを利害関係者（ステークホルダー）である従業員や顧客等、さらには社会に示すものになります。

　経営理念は時代の変化のなかでも「変わらない」「変わってはいけない」ものであるのに対して、ビジョンは、企業のある時点での目標であり、ある時点での目指すべき将来像ですから、時代とともに変化することになります。

　例えば、現在、京セラグループは「街を、暮らしを、社会を支える京セラの総合力。」[4] をビジョンとしています。以前のビジョンとして、2003（平成15）年には「21世紀に、さらに成長し続ける創造型企業」をビジョンとして掲げ、「急速に変化する環境の中でさらに成長し続けるためには、常に創造的に物事を考え、絶え間ない変革により成長を図ることが重要」[5] であるとしていました。ITバブル崩壊後、変革により成長を続けることがビジョンとされ

たのです。

　前述の稲盛氏は、「従業員のモチベーションをさらに高めるためには、『ビジョン』を掲げることが大切です。私は、京セラがまだ中小零細企業であったときから、『この会社を日本一、世界一の会社にしよう』と、俺まず弛まず従業員に説き続けました。すると、はじめは半信半疑であった従業員も、いつしか私の掲げた夢を信じるようになり、その実現に向けて力を合わせ、努力を重ねてくれるようになったのです。すばらしいビジョンを共有し、『こうありたい』と会社に集う従業員が強く思えば、そこに強い意志力が働き、夢の実現に向かって、どんな障害をも乗り越えようという、強大なパワーが生まれてくるのです」[6]と述べ、ビジョンを掲げることの重要性を指摘しています。

❸　ドメインの定義と選択

　経営理念とビジョンに基づいて、自社が行うべき事業領域を「**ドメイン**」といいます。経営者は、経営理念とビジョンに基づいて自社が事業活動を行うドメインを選択して、自社の活動領域として定めます。逆に、経営理念やビジョンにふさわしくないドメインの選択は、適切な選択でないといえます。

　例えば、京セラグループは、前述のビジョンにのっとり、同社が最先端の製品・サービスを提供している情報通信市場、自動車関連市場、環境・エネルギー市場、医療・ヘルスケア市場の４つの市場を重点市場、つまり同社のドメインと定め、さらに便利で持続可能な世界の実現のために、グループの総合力で、価値ある製品・サービスを届け続けることを目指しています。このように、時代に合わせてビジョンが変化すれば、ドメインも変化することになります。

2 ── 経営戦略とは

❶　「戦略」と「戦略のレベル」

　経営戦略とは、「企業が経営理念やビジョンを実現するための方針」と考えることができます。企業の戦略（経営戦略）は、図２−１のように経営理念とそれを具体的に示したビジョンに基づき策定され、①**全社戦略**（企業戦略）レ

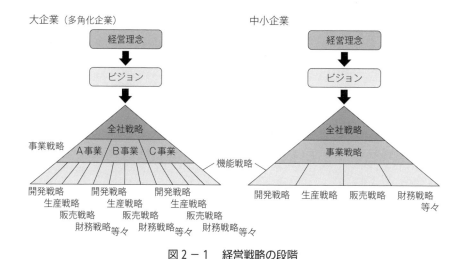

図2－1　経営戦略の段階

出典：遠藤功（2014）『ざっくりわかる企業経営のしくみ』日本経済出版社　p.54をもとに筆者作成

ベル、②**事業戦略**レベル、③**機能戦略**レベルに分れます。

❷ 全社戦略・事業戦略・機能戦略

　全社戦略とは、経営理念とビジョンに基づいて、企業がどのようなドメインで活動し、どのように経営資源を配分していくのか、全社的な視点での方向性を示す戦略を指します。事業戦略とは、全社戦略に基づいて、それぞれのドメインにおいて、競合他社よりも優れた価値を生み出し、利益を獲得するための方向性を示す戦略を指します。機能戦略とは、事業戦略に基づいた機能ごとの戦略のことで、営業であれば営業戦略やマーケティング戦略、物流であれば物流戦略、生産であれば生産戦略、人事であれば人事戦略など、ドメイン内での個別機能の戦略が機能戦略になります。

　なお、前述のように、ビジョンはその時代に合わせて表現を変化させたり、目指すべき将来像を変化させたりする必要がありますが、今日の企業や事業を取り巻く外部環境は厳しく変化する状況にあるため、経営戦略も積極的かつ柔軟に変化させていく必要があります。

3 ── 経営理念と組織との関係

❶ 経営理念と組織の価値観

　企業が社会においてその企業であるための存在意義や役割を経営理念やビジョンによって明確にすることで、それぞれの企業に企業独自の特徴をもたらします。しかし、企業が社会における存在意義を形成し、組織運営において独自性を発揮するためには、経営理念やビジョンを明確にするだけでは不十分であるといえます。

　企業は、法人格を持つ一個の存在であるともに、従業員という個々人の集合体でもあります。そこで働く従業員が、どのような価値観を持って集まったのか、どのような価値観を持って業務を行うのかなど、ソフト的な側面にも着目する必要があります。そのためには、経営者、特に創業者は、何に価値を置いた人を従業員にしたいのか、従業員が何に価値を置いて業務を行うのかといった、経営理念やビジョンをもとにしたそれぞれの企業独自の価値観を明示する必要があります。

❷ 組織文化と組織風土の形成

　上記の企業におけるこの価値観は、それぞれの企業の**組織文化**（企業文化）や**組織風土**（企業風土）、いわゆる**社風**を形成するベースとなります。そして、企業独自の価値観により形成された組織文化や組織風土は、長期間にわたり組織内で伝承されることによって企業固有のDNA（遺伝子）となり、企業が競合企業に打ち勝ち優位性を築く（**競争優位性**）源泉となるのです。

　組織文化が熟成されることで、経営理念や創業者といった象徴の共有（象徴の具象化）や具体的行動の共有（経験の共有）がなされ、さまざまな機能（**組織文化の機能**）が発揮されることになります。例えば、組織文化があることによって、生じた問題に対してどのように対処するべきかという判断基準や行動基準（社内［企業］論理）を組織内で共有することができます。つまり、問題に対する判断に迷ったときに組織文化によって示された判断基準に従うことで、組織（組織を構成する個々人を含む）は問題解決ができるのです。判断基準が

組織内で共有されているため、組織の意思決定を迅速に行うことができ、さまざまな案件を扱ううえで効率が良くなります。

　また、組織文化に基づいて行動することにより、組織文化に反する行動は行われなくなり、組織が一体となって行動することができます。その結果、組織は求心性を高め、団結力が高まります。そして、組織文化に従って行動している限りにおいては、細かいルールによって行動を制限する必要はないことから、組織の行動の自由度は高くなります。さらに、組織文化が長期間にわたって維持されることは、組織の行動基準が長期間維持されることにとなり、組織内で同じ基準による行動の結果、つまり経験と知識が蓄積されていくことになります。組織内で同じ行動基準による経験と知識が蓄積されていくことで、さまざまな問題に対処する効率が上がるとともに、次世代に効率的に組織文化を受け継いでいくことができるようになります。

　一方で、組織文化が長期的に維持されることで、組織内の思考様式の均質化が起こり、変化や自由に対する抑圧、自己保存の本能など、組織文化が負の機能（**組織文化の逆機能**）を生じさせることもあります。例えば、組織の行動基準に従ってきた経験に縛られ、これまでの行動基準では判断できない問題に直面したときに対応できない事態に陥ってしまうことになります（**組織の硬直化**）。また、組織の行動基準を重視しすぎるあまり、顧客や取引先などの外部より、自社の組織、つまり内部の行動基準である社内倫理を優先してしまい、一般常識とかけ離れた判断をしてしまうこともあります（コンプライアンス違反の原因）。このように、組織文化が長期間にわたり維持されることは、逆機能を生じさせることもあり、その場合は組織の存続自体も危うくなってしまいます。

2　企業経営と経営理念

　本節では、企業経営と経営理念の関係について見ていきます。第1項では、経営理念と経営戦略のつながりについて、第2項では、経営戦略におけるアメリカと日本のリストラクチャリングを例にあげ、そこでの経営理念の関わりに

ついて学んでいきます。また、第3項では経営理念と企業価値について学んでいきます。

1 —— 戦略経営と理念経営

　経営戦略（論）には、ポーター（Porter, M. E.）を中心とするポジショニング派とバーニー（Barney, J. B.）を中心とするケイパビリティ派の大きく2つの考え方があります。詳しくは第4章で説明しますが、経営戦略を考えるには、初めにこの2つの考え方を理解する必要があります。

　ポジショニング派は産業構造分析を中心として組み立てられた戦略論体系で、業界や自社の競争状態によって事業の成功が左右されると考えるため、自社以外の外部環境（事業環境や競合関係など）を重視します。ポジショニング派では、競争に勝つために戦略があり、その戦略を実行するために組織が存在するという考え方です。したがって、戦略に合わせて、戦略を実行するための組織を構築することになります。このような考え方の企業経営を「**戦略経営**」といいます。

　一方、ケイパビリティ派は経営資源分析を中心とした考え方で、企業内部の経営資源に事業の成功が左右されると考えるため、自社の経営資源とその分配を重視します。したがって、先に経営資源や組織があり、これらを生かす戦略を策定するという考え方になります。特に、組織のなかでも従業員を重視し、経営理念とビジョンにより価値を共有した一体感の強い組織づくりを行い、組織を強くしたうえで、構築した組織で実行できる戦略を立案するのです。このような考え方の企業経営を「**理念経営**」といいます。

2 —— リストラクチャリングから見る日米の企業経営の違い

❶ リストラクチャリングとは

　企業経営では絶えず成長を求め、安定した収益を確保しなければなりません。しかし、なかにはそうした努力を怠り、もしくは失敗し、経営の危機に陥る企

業が出てきてしまいます。こうした構造的な問題を抱えてしまった企業は、企業経営を抜本的に改革し、再構築する必要があります。こうした抜本的な企業再生を「リストラクチャリング」と呼びます。リストラクチャリングは、わが国で一般的に使われている「リストラ」とは異なります。いわゆるリストラは、人員解雇や整理解雇といった意味でよく使われますが、リストラクチャリングの本来の意味は、「企業の成長や価値の増大を目的とした企業の構造改革（変革）」のことであり、決して雇用整理や縮小均衡のみを意味するものではありません。

❷ 企業業績凋落の要因

　企業業績凋落の要因を調べた先行研究[1]によると、企業業績悪化の要因は87％が内部要因（企業経営の管理内）で、残りの13％が外的要因（企業経営の管理外、外部環境）です。また、内部要因の内訳をみると70％が戦略的要因で、17％が組織的要因であると分析しています。戦略経営を採用する企業が多いアメリカ式経営ではこの戦略的要因を重視し、理念経営を採用する企業が多い日本式経営では組織的要因を重視します[2]。

❸ アメリカ式経営のリストラ─「破壊と創造」でよみがえったIBM─

　リストラクチャリングに成功したアメリカ企業の好事例としてルイス・ガースナー（Gerstner, L.V.）が再生させたIBMがしばしば取り上げられます[3]。ほかにも、ジャック・ウェルチ（Welch, J）が再生させたゼネラル・エレクトリック（GE）なども取り上げられます[4]。

　IBMは、創業以来、順調に成長し、世界のエクセレント・カンパニーと評価されていましたが、IT業界の変化への対応が遅れて収益性が徐々に悪化し、

---

[1]　Matthew S. Olson, Derek van Bever, Seth Verry, *When Growth Stalls* , HBR（Harvard Business Review）, March 2008
[2]　戦略（経営者による戦略の選択と実行）を重視するのが「アメリカ式経営」で、組織（企業内部の経営資源、特に従業員と組織）を重視するのが「日本式経営」と解釈できます。
[3]　L. V. ガースナー．Jr.（山岡洋一・高遠裕子訳）(2002)『巨象も踊る』日本経済新聞出版社
[4]　J. ウェルチ・J. A. バーン(宮本喜一訳)(2001)『ジャック・ウェルチわが経営（上）（下）』日本経済新聞出版社

1991年のオイルショックが契機となり、同社の経営は一気に苦境に立たされ、経営危機に直面します。その状況で経営者として就任したのがガースナーです。ガースナーのリストラクチャリングでは、生産拠点を50か所から9か所に減らすなど、資産を圧縮（アセットライト）するとともに、調達コストの20％削減や情報化コストの47％削減など、コスト削減を行いました。オペレーション面では、従来の機能別縦割り組織の弊害を取り除くため、業務プロセスを一新し、生産のリードタイムを3週間から1週間に短縮、受注処理から生産手配までのリードタイムを2日から8時間に短縮するなどの改革を実行しました。

❹ 日本式経営のリストラ―「フィロソフィ経営」でよみがえったJAL―

　リストラクチャリングに成功した日本企業の好事例としてしばしば取り上げられるのがJAL（日本航空）です。第1節で紹介した稲盛氏は、経営破綻したJALの会長に就任後、「JALフィロソフィ」を策定し、社内に浸透させました。JALは内部要因、特に大企業病や親方日の丸体質などの組織的要因により業績が悪化したと捉えられ、稲盛氏によるフィロソフィ経営（JALフィロソフィ）の実践により、組織の再構築を図り、企業業績を急回復させることになります。経営理念を重視する日本式経営を実践する稲盛氏は、組織的要因を変えることにより、JALの再生を成し遂げたといえます。JALの再生については、多くのメディアで取り上げられ[★5]、たくさんの書籍も刊行されています[★6]。

❺ アメリカ式経営のリストラと日本式経営のリストラの違い

　先に取り上げたアメリカの先行研究では、企業業績が凋落するときの要因は内部要因が中心であるとしながらも、内部要因を戦略的要因と組織的要因に分けて分析し、企業業績の凋落の要因の多くが戦略的要因にあると捉えました（ア

[★5]　「カンブリア宮殿スペシャル　放送300回記念特別企画【日本航空、再び大空へ】」テレビ東京、2012年6月28日放送などがあります。

[★6]　大田嘉仁（2018）『JALの奇跡―稲森和夫の善き思いがもたらしたもの―』致知出版社、金子寛人（2017）『JALの現場力』日経BP社、大西康之（2013）『稲盛和夫　最後の闘い―JAL再生にかけた経営者人生―』日本経済新聞出版社、原英次郎（2013）『稲盛和夫流・意識改革　心は変えられる―自分、人、会社 ‐ 全員で成し遂げた「JAL再生」40のフィロソフィ―』ダイヤモンド社、などがあります。

メリカ型経営学)。したがって、アメリカでは、戦略を選択して実行する経営
者が企業凋落の要因であり、企業業績の回復には経営者を刷新し、新しい戦略
のもとで新しい経営資源を投入していくことがリストラクチャリングであると
捉えられています。一方、日本においては、企業業績の凋落を組織的要因に求
めることが多く、企業業績の回復は組織の再構築によって行われるという考え
方が根強くあります（日本型経営学)。そして、組織の再構築のための経営理
念の再構築がリストラクチャリングであると捉えられています。その最たる事
例が、稲盛氏のフィロソフィ経営によるJALの再建であるといえます。

3 ── 経営理念と企業価値

　経営理念の企業業績との直接的かつ明確な相関関係は証明されていませんが、
企業価値に影響を与えるものとして重視する企業経営者は多くいます。
　企業価値とは、①財務的価値：見える資産の経済的価値（決定要因：成長性
×収益性×安定性）、②非財務的価値：見えない資産の社会的価値（決定要因：

図2-2　企業価値（企業のパフォーマンス）に影響を与える要因

出典：川北英隆・奥野一成編(2015)『京都企業が世界を変える─企業価値創造と株式投資─』金融財政
　　事情研究会　p.65をもとに筆者作成

規模×質×持続性）に分けられます。そして、戦略経営は「①財務的価値：見える資産の経済的価値」を重視し、理念経営は「②非財務的価値：見えない資産の社会的価値」を重視する傾向があります（図2－2）。

　また、「②非財務的価値：見えない資産の社会的価値」は、持続的な成長、持続可能性の追求に影響するといわれており、長期的に獲得するためには、組織において経営理念の浸透が必要です。さらに、経営理念の浸透のためには企業文化の熟成が必要といえます。

　本章では、経営理念を中心に、ビジョンや戦略、組織文化等について学んできました。経営理念とビジョンは、組織に浸透することで、それぞれの企業の組織文化（企業文化）や組織風土（企業風土）を形成するベースとなります。そして、企業独自の価値観により形成された組織文化や組織風土は、長期間にわたり組織内で伝承されることによって企業固有のDNA（遺伝子）となります。またこれは、競争優位を生み出す源泉のみならず、リストラクチャリングなど、企業活動の多くの場面で影響を与えるものでもあるのです。

Column

さまざまな企業の経営哲学・経営理念
―松下幸之助・本田宗一郎から稲盛和夫へ―

松下幸之助の「水道哲学」

　パナソニックの前身である松下電器産業では、創業者の松下幸之助が1932（昭和7）年5月の第1回創業記念式にて、廉価で品質の良い製品を水道水のように提供するという経営哲学・経営理念である「水道哲学」を打ち出し、「産業人の使命」をミッションとして掲げます。同社ではこの年を、使命を知ったという意味で「創業命知第1年」と呼んでいます。同氏は「経営理念を制定した結果、経営に魂が入ったような状態となり、以来、驚くほど事業が発展した」と回顧しています。

本田宗一郎の「Hondaフィロソフィー」

　Hondaフィロソフィーは、本田宗一郎と藤沢武夫という2人の創業者が残した経営哲学・経営理念であり、グループ全企業とそこで働く全従業員の一人ひとりの価値観として共有され、その行動や判断の基準となっています。Hondaフィロソフィーは、「基本理念（人間尊重と三つの喜び）」「社是」「運営方針」から成り立っています。社是は、「わが社は世界的視野に立ち、顧客の要請に応えて、性能の優れた廉価な製品を生産する」というものです。この社是がグローバル展開で世界をリードする「世界のホンダ」を創り上げたといえるでしょう。

稲盛和夫の「フィロソフィ経営」

　これらの系譜を引き継ぐのが京セラの創業者である稲盛和夫氏です。同氏は、「人間として何が正しいのか」「人間は何のために生きるのか」という根本的な問いに真正面から向かい合い、さまざまな困難を乗り越えるなかで生み出された仕事や人生の指針を「フィロソフィ」としてまとめました。このフィロソフィは、京セラを一代で大企業にまで発展させた経営哲学といえます。京セラのフィロソフィは門外不出と言われていましたが、『京セラフィロソフィ』（サンマーク出版）として出版され、「利他の心」など、その内容が明らかになりました。

演習問題

①経営理念は、創業者の想いや考えを明文化したものです。みなさんが関心を持つ企業の経営理念を調べて、創業者のどんな想いが込められているか調べてみましょう。

②経営理念が組織に浸透している企業では、組織文化や組織風土、いわゆる社風が形成されます。みなさんが関心を持つ企業の経営理念と社風について調べてみましょう。

③著名な大企業でも企業不祥事が発覚しています。相次いで、また繰り返し起こる企業不祥事を防止するために、経営理念はどのように活用されるべきか考えてみましょう。

★さらなる学びのためのブックガイド★

●グロービス (2016)『競争優位としての経営理念』PHP研究所
企業の業績・組織・戦略を大きく左右する経営理念ですが、Google、Apple、パナソニック、ファーストリテイリングなど、著名企業の経営理念について徹底的に分析しています。

●入野和生 (2012)『創業100年企業の経営理念―NEXT100年どう生きる―』吉備人出版
　同 (2015)『創業100年企業の経営理念2―NEXT100年どう生きる―』吉備人出版
　同 (2017)『創業100年企業の経営理念3―マスメディアが見た老舗の流儀―』吉備人出版
地方のシンクタンクである岡山経済研究所が、時代の変化を読み取り生き延びてきた地域の老舗企業の経営理念や家訓から、企業存続のヒントを読み解いています。

●坂本光司＆坂本光司研究室 (2018)『いい経営理念が会社を変える』ラグーナ出版
『日本でいちばん大切にしたい会社』の著者である坂本光司先生が、「いい経営理念がいい会社をつくる」という考えのもと、理念経営に取り組む企業を紹介しています。

Business
Administration

第 **3** 章
全社戦略

●本章の概要

　経営戦略には全社戦略、事業戦略、機能別戦略など、さまざまな種類の戦略がありますが、本章では全社戦略に焦点を当てます。最初にその目的、意義、内容について解説し、全社戦略の概要を捉えます。

　次に、製品ライフサイクルを取り上げます。製品や事業を取り巻く状況は時間の経過とともに変化し、それに伴って採用すべき戦略が異なってくることを説明します。製品ライフサイクルを学ぶことで、外部環境の変化に対応して適切な戦略を採用する重要性を理解します。

　多くの企業が複数の事業を展開する多角化を行っています。アンゾフの製品 – 市場マトリックス、多角化のタイプとそのメリットや難しさについて解説しながら、多角化戦略の特徴を理解します。

　企業は多角化戦略によって複数の事業を抱えることになりますが、それらを全社的視点で体系的に統括しなければなりません。そのための有名な手法の１つにプロダクト・ポートフォリオ・マネジメント（PPM）があります。PPM の背景にある考え方、PPM から導出される事業の基本目標、PPM の利点や限界について説明し、全社的な視点で複数の事業を管理し、企業全体を成長させる方法を理解します。

●キーワード

- □ 製品ライフサイクル
- □ 多角化
- □ シナジー効果
- □ 経験曲線効果
- □ プロダクト・ポートフォリオ・マネジメント(PPM)

1 　全社戦略

1 ── 全社戦略の目的

　現在、多くの企業が複数の事業を展開しながら経営を行っています。例えばトヨタ自動車は、自動車の生産・販売以外にも金融事業や住宅事業を手がけています。また、グループ会社の1つにセブン-イレブン・ジャパンを持つセブン＆アイ・ホールディングスは、国内コンビニエンスストア事業以外に、イトーヨーカ堂などのスーパーストア事業、そごう・西武などの百貨店事業、ロフトなどの専門店事業を展開しています。

　全社戦略の目的は、複数の事業をうまく管理し、効率的かつ効果的に企業全体の成長を実現することにあります。全社戦略は企業戦略ともいわれており、①企業全体の中長期的な目標の設定、②企業が活動する領域、③経営資源の配分と蓄積、④複数の事業同士の関係性について検討しなければなりません。

　①の目標とは、具体的な到達点を意味し、多くの場合、売上や利益、成長率などの数値目標で表されます。例えば、セブン＆アイ・ホールディングスが2016（平成28）年10月に発表した中期経営計画では、営業利益[★1]と自己資本利益率[★2]の数値目標を達成するために、日米のコンビニエンスストア事業を成長の柱として経営資源を集中させるとともに、エリアと業態の選択と集中を進めるといった経営資源の配分方法についての指針が示されています。また、建設機械を製造・販売する日立建機は中期経営計画「CONNECT TOGETHER 2019」のなかで、レンタル・中古事業の強化やグローバル体制の再構築などによって、世界需要や営業利益率などの数値目標の達成を目指すという指針を示

★1　営業利益は、本業で稼いだ利益を意味します[1]。売上高から製品を製造するのにかかった費用である売上原価と販売などにかかった費用である販売費及び一般管理費を差し引いて求めます。

★2　自己資本利益率（ROE：Return On Equity）は、株主が投資した資金を経営者がどのくらいの利回りで運用したかという資本の効率性を示す指標です[2]。当期純利益を自己資本で割って求めます。

しています。

　②の企業活動全体の基本的な範囲や領域のことを「**企業ドメイン**」といいます。企業がどのような事業を手がけるのかは、企業ドメインによって決まります。

　③の資源配分の方法とは、人員などのヒト、機械設備や技術などのモノ、予算などのカネといった自社の経営資源を各々の事業にどのように振り分けるかを意味します。

　④に関連する複数の事業の関係性から生まれる経営効果のことを「**シナジー効果（相乗効果）**」といいます。「シナジー効果」は、1つの企業が複数の事業を手がけた方が、個々の事業を別々の企業が独立して手がけるよりも高い利益が得られる現象を意味します。例えば、セブン＆アイ・ホールディングスは、コンビニエンスストア事業やインターネット通販事業などの各事業会社が保有している顧客情報を統合することで、店舗とインターネット通販での両方の購買体験を高め、グループ全体の利益向上を図るというシナジー効果を狙っています。

　このように全社戦略では、企業全体の中長期的な目標を実現するために、企業ドメインに基づいて手がける事業を選択し、複数の事業間のシナジー効果を考慮に入れながら経営資源の最適な配分方法を示す必要があります。

2 ── 全社戦略の意義

　全社戦略を示すことは企業にとってどのような意義があるでしょうか。全社戦略があることで、自社がどの事業を手がけてどの事業は手がけないのかについての判断基準を得ることができます。また、企業目標を達成するためにどのような経営資源を獲得・蓄積する必要があるのかが明確になり、企業で働く人々の注意を一定の方向に向けることにつながります。さらに、複数事業間のシナジー効果を利用して、企業全体で競合企業よりも有利に経営を行うという視点を持つことができます。企業戦略がなければ、各々の事業はバラバラに運営され、経営資源も非効率な配分になり、事業間のシナジー効果を獲得することも難しくなるため、企業全体を効率的かつ効果的に成長させることはできません。

2　製品ライフサイクル

1 ── 製品ライフサイクルとは

　世の中にはさまざまな製品が市場に出回っています。世の中に出たばかりの新製品もあれば、売上を急速に伸ばしている製品、存在が当たり前になっている製品、あまり購入されなくなった製品もたくさんあります。

　製品が世の中に登場して、それが社会に急速に受け入れられていき、その製品が生活のなかで当たり前の存在となり、やがて別の新しい製品が登場するなどして売れなくなっていくという一連のサイクルを「**製品ライフサイクル**」といいます。

　製品ライフサイクルでは、製品は「**導入期**」「**成長期**」「**成熟期**」「**衰退期**」の４つのステージを経ることが想定されています。「導入期」とは、製品が初めて市場に登場し、製品に対する認知度も低い段階を意味します。「成長期」

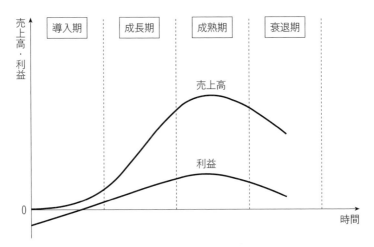

図３−１　製品ライフサイクルの売上高・利益の推移

表 3 - 1　各ステージの基本的な特徴

	導入期	成長期	成熟期	衰退期
売上の伸び	緩やか	急拡大	停滞	下降
投資	大	大	小	小
顧客数	少	増加	一定数	減少
競合企業数	少	増加	一定数	減少

とは、製品の良さが世間に伝わるようになり、製品に対する認知度や購入する人の数が急速に増加する段階を意味します。「成熟期」とは、製品が社会に広く普及し、多くの人がすでにその製品を持って使用している段階を意味します。「衰退期」とは、別の新しい製品が世の中に登場したことにより、製品に対する需要が低下していく段階を意味します。衰退期に入ると製品を購入する人の数が減るため、売上も低下していきます。なお、図 3 - 1は製品ライフサイクルの売上高および利益の推移、表 3 - 1は各段階の基本的な特徴を示しています。

2 ── 各ステージの基本戦略

　企業は製品が製品ライフサイクルのどの段階にあるのかを理解し、それに応じて最適な戦略を採用する必要があります。

❶ 導入期

　導入期は製品が市場に登場したばかりの段階であり、顧客が少なく売上はあまり伸びません。競合企業が少ないため競争に対応する必要性は低いですが、生産設備に関する投資に加えて販売・マーケティングのための投資が必要であり、投資額は大きくなります。製品の認知度を高めることが重要な課題であり、大幅な値引きを行ったり無料で配布したりするなどの大々的なキャンペーンを実施し、製品を世の中に広く知ってもらう活動が必要になります。日清食品はカップラーメンを初めて世の中に登場させたときに、銀座の歩行者天国で 1 日

に2万食を売り切るという試食販売キャンペーンを行いました。このように導入期では、製品の良さを知ってもらい、採用するお客さんの数や製品の販売機会を増やすなど、市場を開拓していくことが基本戦略となります。

❷ 成長期

　成長期は、製品に対する顧客の認知度が高まり、また製品の良さも受け入れられ、顧客数が増加し売上も急拡大していきます。競合企業の数も増え、競争に対応する必要性が高まります。顧客ニーズや競合企業に対応するために、継続的に製品の高機能化や品質の向上を図る必要があり、積極的なマーケティングも必要になるため投資額は大きくなります。成長期では、さまざまな企業のなかから自社の製品を選んでもらうための努力や工夫を続け、新たな顧客を獲得することが基本戦略となります。

❸ 成熟期

　新規顧客需要の低下によって売上も停滞するようになります。新しく参入する企業も少なくなり、一定数の競合企業と一定数の顧客をめぐって競争が行われます。すでに企業や製品は広く認識され、製品を改良する余地も小さく、顧客との関係性も安定的なものになっているため、投資額は小さくなります。成熟期では、既存の顧客が他企業に移動してしまわないように、**顧客ロイヤルティ**を高めることが基本戦略となります。顧客ロイヤルティとは、顧客の企業に対する忠誠心のことであり、その企業や製品に対する信頼や愛着なども顧客ロイヤルティに含まれます。顧客ロイヤルティが高いと他企業への移動を防止することができます。長期的に取引のある顧客のための特別キャンペーンがしばしば行われますが、これは顧客ロイヤルティを高めることを狙っているといえます。

❹ 衰退期

　新規だけでなく既存顧客からの需要も低下します。顧客数が減少するため、売上が下降していきます。売上の下降に伴って、その製品の販売を取りやめる

企業も出てきて競争が減少します。この段階では、製品に関する費用を最小化することが基本戦略となります。利益は企業の売上から費用を差し引いたものとなりますが、売上が減少していくなかで利益を維持するためには費用を下げていかなければなりません。そのため新たな投資が行われることはほとんどなく、投資額は小さくなります。製品が衰退期に入ったと判断できる場合は、その製品を今後も販売し続けるかどうかを検討し、状況によっては撤退することも視野に入れる必要があります。

　製品ライフサイクルが示しているように、たとえある一時期に製品が大きな成功を収めたとしても、その売上はやがて衰退していきます。企業が単独の製品しか製造・販売していない場合、その製品が衰退期に入ると企業の売上が減少し、経営は苦しいものになっていきます。企業を持続的に成長させていくためには、現在の製品が製品ライフサイクルのどのステージにあるのかを理解し、状況に応じて将来を見越した新たな製品や事業への投資が必要になってきます。

3　多角化戦略

1 —— 成長の方向性

　企業は現在の製品が製品ライフサイクルのどのステージに位置付けられるのかを理解して、製品の市場への浸透、新製品の投入、新しい顧客の獲得、新たな事業への進出といった企業を成長させていくための方策を練る必要があります。企業の成長の方向性を示す枠組みとして有名なものに、アンゾフ（Ansoff, H. I.）の**製品-市場マトリックス**があります（表3-2）。

　アンゾフは、提供する製品と市場ニーズの観点から、表3-2にある4つのタイプの成長の方向性を示しました[3]。「**市場浸透**」は、現在の製品と現在の市場ニーズを対象に市場シェアの拡大を目指すという成長の方向性を示しています。「**市場開発**」は、現在の製品によって新しい市場ニーズを探求していく

表3－2　製品-市場マトリックス

市場ニーズ ＼ 製品	既存	新
現	市場浸透	製品開発
新	市場開発	多角化

出典：H. I. アンゾフ（中村元一・黒田哲彦訳）(1990)『最新・戦略経営―戦略作成・実行の展開とプロセス―』産能大学出版部　p.147

という方向性です。「**製品開発**」は、現在の市場ニーズを満たすために新しい製品をつくり出していくという方向性を意味します。「**多角化**」は、製品と市場ニーズの両面で、企業にとってまったく新しいものを目指すという方向性を示しています。アンゾフは表3－2の平面のポートフォリオをさらに発展させて、製品・サービス技術、市場ニーズ、市場地域の3つの次元からなる立体的な枠組みを示しました（表3－3）。平面的な枠組みでは4つのタイプの成長の方向性が示されましたが、立体的な枠組みによって8つの方向性が示されました。具体的には、市場地域の視点が加わったことで、現在の製品・サービス技術で現在の市場ニーズを満たすことを新しい市場地域で展開するという方向性や、新しい製品・サービス技術によって新しい市場ニーズを新しい市場地域で満たすという、技術・顧客・地域の面でまったく新しい領域に進出するとい

表3－3　企業成長の8つの方向性

方向性	製品・サービス技術	市場ニーズ	市場地域
1	現	現	現
2	現	新	現
3	現	現	新
4	現	新	新
5	新	現	現
6	新	現	新
7	新	新	現
8	新	新	新

出典：表3－2と同じ　p.149

う成長の可能性が示されました。

2 ── 多角化のタイプ

　成長にはいくつかの方向性がありますが、多くの企業が成長戦略として多角化を採用しています。そして、多角化にも複数のタイプがあります。ルメルト（Rumelt, R. P.）は、複数事業間の関連性の度合いから、3つのタイプの多角化を示しています[4]。1つ目のタイプが**本業中心型**（Dominant Business）で、ある程度多角化しているものの、主に単一の事業から収益をあげるタイプです。モスフードサービスは、ハンバーガーのモスバーガー事業、紅茶やパスタなどのその他の飲食事業、食品衛生検査や保険代理などのその他の事業を手がけていますが、売上高（2019［平成31］年3月期）の約95%は本業であるモスバーガー事業からのものです。2つ目のタイプが**関連事業型**（Related Business）です。新しい事業と自社がすでに持つ強み、スキル、資源を関連させながら多角化が行われます。ヤマトホールディングスは、宅急便などの輸送事業で培った強みやノウハウを生かして、ロジスティクス事業やe-ビジネス事業、フィナンシャル事業などを展開しています。3つ目が**非関連事業型**（Unrelated Business）で、新しい事業と既存事業の関係性を考慮せずに多角化が行われます。RIZAPグループでは、パーソナルトレーニングジムなどを運営する美容・ヘルスケア事業、インテリア・アパレル雑貨・カジュアルウェアなどの企画・開発・製造・販売を行うライフスタイル事業、フリーペーパーの編集・発行や出版事業等を行うプラットフォーム事業を展開しており、比較的事業間の関連性が低い多角化を進めています。

　このように多角化にはいくつかのタイプがありますが、多角化戦略と収益性との関係についての研究では、多角化の程度が高い企業の方が、そうでない企業よりも成長性が高いこと、また事業間の関連性が高い多角化の方が高い収益性を達成していることなどが示されています[5]。またリスクとの関係では、「特定の製品市場分野での失敗を他の分野での成功によって相殺できる」という、リスク分散効果が多角化にはあることが示されています[6]。

3 ── シナジー効果

　多角化をうまく行えば、企業は成長と収益性向上を実現することができます。これが可能となるのは、企業が多角化戦略を採用することによって競争優位を獲得できるからです。多角化によって競争優位が実現できる理由として、シナジー効果（相乗効果）を挙げることができます。

　第1節でも簡単に述べましたが、シナジー効果とは、例えば既存製品と新製品において、既存製品で獲得した技術を応用して新しい製品を開発するとともに、新製品の開発で獲得した新しい技術に基づいて既存製品の改良を図るというように、2つの製品や事業がお互いに良い影響を与えて企業に大きな利益がもたらされる効果のことをいいます。

　企業はしばしば**M&A**（Mergers and Acquisitions：合併・買収）によって多角化を図りますが、その際、製品や事業間のシナジー効果を獲得できるかどうかは重要な検討事項の1つとなります。例えば、たばこ事業などを手がけるJT（日本たばこ産業）は、海外たばこ事業を拡大するため2007（平成19）年にイギリスのたばこ会社であるギャラハーを買収しましたが、買収後の統合プロセスにおける重要課題の1つに、全社的な視点でのシナジー効果の追求をあげています。ギャラハーの買収によって、世界で市場シェア1位の市場を3市場から11市場に増加させ、たばこ製品製造技術、ヨーロッパなどにおける流通インフラ、海外たばこ事業を支える人材を獲得するとともに、製造拠点や原材料調達の最適化、流通・営業販売組織の効率化といったコスト面でのシナジー効果を実現することによって競争力の強化を実現しました[7]。

　企業は複数の事業を展開してうまくシナジー効果を発揮できれば、単独で事業を展開している企業よりもコスト優位を実現することができます。このようなコスト優位性によって、価格を下げて市場シェアを増加させることや、他企業よりも研究開発に大きな投資を行ってより良い製品・サービスを提供することが可能となり、競争を有利に展開することが可能となります[8]。

4 —— 多角化の難しさ

　企業は多角化を行うことによって将来の成長の機会や競争優位の実現といったメリットを得ることができますが、現実には多角化戦略を成功させることは簡単なことではありません。例えば、ポーター（Porter, M. E.）は、1950年から1986年にかけてアメリカの大手有名企業33社の多角化を調査した結果、ほとんどの企業が買収した事業を維持できずにその事業を手放してしまっていると指摘しています[9]。

　ポーターは多角化のデメリットとして、多角化を進めることで事業のスピードが遅くなること、親会社の政策によって事業が制約を受けることをあげています。また、多角化を成功させるための基準の1つに、多角化の対象となる新規事業の業界構造に魅力があることをあげ、事業間のシナジー効果による優位性だけでなく、新規事業の業界構造の魅力度も考慮する必要があることを示しています。

4 プロダクト・ポートフォリオ・マネジメント（PPM）　→

1 —— PPMの特徴

❶ PPMとは

　多くの企業が多角化戦略を採用して複数の事業を行っていますが、多様化・複雑化する市場ニーズに対応していくためには、各々の事業が個別に利益を追求するのではなく、事業同士をうまく連携させながら企業全体で経営環境に対応するという視点が重要になります。複数の事業を全社的な視点で総合的に管理することを支援する手法の1つに、**プロダクト・ポートフォリオ・マネジメント**（PPM：Product Portfolio Management）（以下「PPM」）があります。

　PPMにはいくつかの考え方がありますが、ボストン・コンサルティング・グループが最初に発表したものが有名です（図3−2）。そこでは、**市場成長**

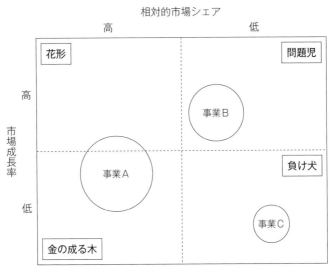

相対的市場シェア

図3−2　PPMのマトリックス

率と**相対的市場シェア**という２つの次元からなるマトリックス上に事業を位置付けます。事業は１つの円で表され、円の大きさは売上構成比など、企業全体におけるその事業の比重を表しています。また、市場成長率は製品市場の年間成長率（市場の魅力度）を、相対的市場シェアは最大の競合企業の市場シェアに対する自社の市場のシェア比率（自社の競争力）を意味します。そして、市場成長率によって事業や製品に関する資金の流出が、相対的市場シェアによって事業や製品からの資金の流入が決まってきます。市場成長率が高ければ、製品の改良、マーケティング、競争への対応など、成長のための投資が必要となり資金の流出が大きくなります。また相対的市場シェアが大きければ、後述する経験曲線効果に基づくコスト優位性によって、利益率の高い事業遂行が可能となり、資金の流入が増加します。

❷ PPMの考え方

　PPMの４つの象限については後述しますが、PPMは「**製品ライフサイクル**」と「**経験曲線効果**」という２つの考え方を前提としています。第２節で示した

ように、製品ライフサイクルでは事業や製品を「導入期」「成長期」「成熟期」「衰退期」という４つのステージのいずれかに位置付けますが、４つのステージごとにキャッシュフローのパターンが異なります。キャッシュフローとは、一定期間に流入するお金であるキャッシュ・イン・フローと流出するお金であるキャッシュ・アウト・フローを合計したお金の流れを意味します[10]。導入期や成長期といったステージでは、製品に関する資金の流入よりも流出が大きくなります。他方、成熟期には資金投下が小さく資金流入の方が大きくなります。異なるキャッシュフローのパターンを持つ複数の事業を組み合わせて持つことで、例えば、成長期の事業に優先的に資金を配分するとともに、資金流入が大きい事業の資金を成長期の事業に充てて、衰退期の事業に対する資金の配分をやめるなど、全社的な視点で最適な資金の配分を考えることが可能となります。このようにPPMでは、製品ライフサイクルのステージごとのキャッシュフローのパターンの違いに着目して、最適なプロダクト・ポートフォリオをつくることが重要になります。

　経験曲線効果は、ボストン・コンサルティング・グループによって発見された経験則で「累積生産量が倍増するごとに、平均費用が20〜30%減少するという効果」を意味します[11]。競合企業よりも大きな市場シェアを獲得できれば、それは累積生産量の差が拡大することを意味します。その結果、費用における競争優位が生まれて高い利益を獲得することができます。競争企業に対して自社の市場シェアが高いことは、その事業や製品の競争力が強いことを意味します。

❸ PPMの４つの象限

　PPMは、市場成長率と相対的市場シェアをそれぞれ高低で分けることで、４つのセルからなるマトリックスとなっています。各セルには、英語名称と日本語訳が多少異なりますが、「**金の成る木**（cash cow）」「**花形**（star）」「**問題児**（problem child）」「**負け犬**（dog）」という名称が付けられています。

　「金の成る木」は、相対的市場シェアが高く市場成長率が低いセルを指します。多くの場合、成熟期にある事業で将来的な魅力は低いものの、相対的市場

シェアが高いため競争優位性が高いという特徴を持ちます。そして、資金の流入が大きくキャッシュフローはプラスとなるため、ほかのセルの資金創出源となります。

「花形」は、相対的市場シェアも市場成長率も高いセルに当たります。多くの場合、成長期の事業で将来の魅力も大きく、競争力の強い事業分野となります。相対的市場シェアが高く多くの資金流入をもたらす一方で、成長のための投資が必要となるため、短期的なキャッシュフローは必ずしもプラスとはなりません。なお「花形」は、将来的に市場成長率が低下することで資金投下の必要性が減り、「金の成る木」に変わる可能性を持っています。

「問題児」は、相対的市場シェアが低く市場成長率が高いセルを指します。事業の将来的な魅力は大きい一方で競争力が弱いという特徴を持ち、成長のための投資に加えて市場シェア拡大による競争力強化が必要となるため、資金流入よりも多くの投資が必要となり、キャッシュフローはマイナスとなります。しかしながら、将来の成長の芽となる事業も「問題児」に分類される場合があり、企業は積極的な投資か撤退かを選択しなければなりません。

「負け犬」は、相対的市場シェアも市場成長率も低いセルにあたります。事業の将来的な魅力も小さく、競争力も低いという特徴を持ちます。資金の流入も流出も小さい分野であり、企業は撤退すべきかどうかを検討しなければなりません。

2 ── PPMの利点と限界

❶ PPMの利点

PPMによって、企業の複雑な事業構成を視覚的に把握でき、プロダクト・ポートフォリオの全社的な方針が形成されます。また、全社的な方針に基づいて事業の**戦略目標**を設定することができます。

「金の成る木」に分類される事業では、市場シェアと製品が生み出すキャッシュフローを維持することによって、ほかの事業へ資金を供給する役割を担うこと、「花形」では、資金投下を惜しまずに市場シェアの維持・拡大を図ること、

「問題児」では、積極的な投資によって市場シェアを拡大し「花形」の事業に成長させるか、撤退すること、「負け犬」に分類される事業は、撤退、売却、縮小ということが基本目標になります。

このようにPPMでは、全社的な方針に基づいて各事業に戦略目標が与えられ、その達成に向けて資源配分が行われていくため、各事業はほかの事業を無視して事業規模や利益の最大化を追求するような戦略目標を設定することができなくなります。

❷ PPMの限界

他方、PPMにはさまざまな限界も指摘されています。それらは、①適用の問題、②分析の困難性、③考慮すべき要因の不足、④基本戦略の問題点、⑤経営環境への対応の問題、⑥従業員のモチベーションの問題、⑦成長機会探索の問題に分類できます。①については、PPMは経験曲線が妥当な状況において適用可能であること、②は、製品市場の定義、ターゲットとする市場範囲の設定、市場の成長率を判定することが難しいこと、③は、PPMの競争優位がコスト優位のみを想定していること、戦略目標がキャッシュフローの観点のみで設定されていること、④は、事業間シナジーがあるために「負け犬」に該当する事業を単純に撤退させることで悪影響が出る可能性があること、⑤は、状況を綿密に分析するPPMの手法はスピードと簡潔さに欠け、経営環境に迅速に対応できないこと、⑥は、現状の維持が基本目標となる「金の成る木」や、撤退や縮小の対象となる「負け犬」に位置付けられた事業では、新しいことに積極的に挑戦する機会が与えられず、従業員のモチベーションが低下すること、⑦は、PPMの枠組みは新たな成長機会を探索することについては有効な情報を提供しないことが指摘されています。

外部環境と内部環境

　企業が売上や利益を維持・向上させるためには、常に外部環境に内部環境を合わせる努力が必要になります。

　外部環境にはさまざまな要因があります。顧客や競合企業の状況も外部環境です。より広い視点で見ると、法律や国際的な取り決めなどの政治的（Political）要因、景気や為替などの経済的（Economical）要因、人口や価値観などの社会的（Social）要因、情報通信技術や生活インフラなどの技術的（Technological）要因も外部環境です。これらの要因を分析して外部環境を把握することを、それぞれの英語の頭文字をとってPEST（ペスト）分析といいます（第6章も参照のこと）。

　内部環境にもさまざまなものがあります。従業員による労働や作業、従業員の管理といったヒトに関する要因、機械設備、生産システム、技術、ブランドなどのモノに関する要因、予算や投資などカネに関する要因、人間関係、組織構造、組織文化などの組織的な要因などが内部環境にあたります。

　内部環境を外部環境に適合させる重要性を示唆する有名な事例が、アメリカ自動車産業におけるフォードとゼネラル・モーターズ（GM）による20世紀初頭の競争です。フォードは1908年にT型車を開発・販売し、大量生産・大量販売のシステムを構築して低価格の自動車を全国規模で販売することに成功しました。フォードのT型車は大成功を収め、最高時には市場シェアの50%以上を占めるまでになりました。フォードの成功によって、1920年代半ばごろにはアメリカの全世帯の約80%が自動車を所有するようになり、自動車市場は成熟期に入りました。しかし、1920年代半ばからT型車の人気は急速に衰えます。フォードは安価なT型車を生産し続けましたが、車種を限定して大量生産を行い、価格を下げて大量に販売するためのフォードの内部環境は、成熟化した自動車市場という外部環境に合わなくなっていたのです。

　他方、フォードに代わって市場シェアを伸ばし始めたのがGMでした。GMは成熟化した自動車市場において、所得による市場細分化、車種・車型・色など多様なバリエーションの提供、定期的なモデルチェンジなど、多様化する顧客ニーズに合わせた新しい方法を開発し、組織構造などそのための内部環境を構築しました。成熟化した自動車市場という外部環境に合わせた内部環境を構築することで、GMはフォードとは対照的に市場シェアを急速に拡大させていきました。

演習問題

① 企業のホームページで全社戦略にあたる中期経営計画などを見ることができます。企業全体の目標の実現のために、各々の事業についてどのような方針が示されているか、企業の全社戦略を調べてみましょう。

② 身の回りの製品が製品ライフサイクルのおおよそどの段階に位置付けられるか、理由とともに説明してみましょう。

③ 多角化を行っている企業の事業間の関係性について、関連性の高い事業分野に進出する度合いや、各々の事業で提供する製品が製品ライフサイクルのどの段階に位置付けられるかなどについて分析してみましょう。

★さらなる学びのためのブックガイド★

● 吉原英樹・佐久間昭光・伊丹敬之・加護野忠男 (1981)『日本企業の多角化戦略　―経営資源アプローチ―』日本経済新聞出版社

高度成長期（1958［昭和33］〜1973［同48］年）の日本の大企業を対象に、多角化が経営成果に与えた影響を、多角化度指数といった数量的な尺度を用いながら実証的に分析した成果がまとめられています。

● H. I. アンゾフ（中村元一・黒田哲彦訳）(1990)『最新・戦略経営―戦略作成・実行の展開とプロセス―』産能大学出版部

シナジー効果の概念やタイプ、また、新しい事業への進出の方向性を表す企業成長ベクトルの枠組みについて詳しく説明されており、多角化戦略や企業成長について考えるうえで参考になります。

● 浅羽茂・須藤実和 (2007)『企業戦略を考える―いかにロジックを組み立て、成長するか―』日本経済新聞出版社

主に日本企業の事例を取り上げながら、成長市場の探索、経営資源の配分、競争への対応、多角化、PPMの方法などが解説されており、企業戦略策定のための基本的な考え方を理解することができます。

Business Administration

第 **4** 章
競争戦略

●本章の概要

　本章では、競争戦略の基本理論について学習します。企業が何を考えながら戦略を策定するのかという点について、具体的なイメージを持って理解できるようになることが本章の目的です。

　第1節では、企業はなぜ競合企業と競争しなければならないのかという問題について、企業の目的や利益獲得の流れ、付加価値の考え方など、競争の前提となる企業活動について解説します。

　第2節では、業界全体の競争を考えるための手法として、ファイブ・フォース・モデルを紹介します。また、企業の競争戦略の基本形である3つの基本戦略を紹介します。

　第3節では、競争戦略の理論的な背景として、ポジショニング・ビューとリソース・ベースド・ビューという2つの異なる考え方について解説します。さらに、リソース・ベースド・ビューに依拠した競争の分析手法として、バリュー・チェーン・モデルとVRIO フレームワークを紹介します。

　自社製品やサービスが市場における競合企業との競争によって生き残るためには、本章で紹介する基本理論が必要不可欠と言っても過言ではありません。

●キーワード

- □ 利益と付加価値
- □ ポーターの競争戦略
- □ ファイブ・フォース・モデル
- □ ポジショニング・ビューとリソース・ベースド・ビュー
- □ 競争と協調

1 競争戦略とは何か ─────────────●

　みなさんは、「競争戦略」という言葉をどのようなイメージで捉えているでしょうか。「競争」や「戦略」という言葉が用いられる場面は多様に存在します。例えば、国や地域の経済政策やスポーツの試合、日常生活など、さまざまな面で競争を行い、戦略を意識することがあるでしょう。

　みなさんの多くは、経営学部や商学部の初学者向け講義のテキストとして、あるいは、今まさに社会人としてビジネスの現場に身を置きながら経営学を改めて学ぼうと本書に目を通していることでしょう。本章では、経営学の初学者を対象として、企業活動における「競争」に軸足を置いて「競争戦略」の考え方を紹介していきます。以下では、企業の競争を考えるにあたって、なぜ企業が競争する必要があるのかという点について紹介していくことにしましょう。

1 ── 企業の目的

　企業とは一体何をしているのでしょうか。このことを明らかにするために、企業がほかの組織と比べてどのような違いがあるのかを示すことにしましょう。私たちの身の回りにはさまざまな組織が存在します。例えば、政府や地方公共団体、大学などです。これらの組織は、税金や寄付などによって存続しています。しかし、企業は税金や寄付が一時的に投入されることはあっても、それだけでは存続することができません。このことから、企業は**利益**を獲得しなければ存続できない**営利組織**であるといえます。

❶ 利益獲得の流れ

　それでは、企業はどのようにして利益を獲得しているのでしょうか。序章でも取り上げたように、企業は、①**経営資源（ヒト・モノ・カネ・情報）**[1]を

───────────────────────────────

★1　経営資源については、序章p.15を参照。

投入（インプット）し、②**経営資源を組織内で変換（スループット）し、③物的商品やサービスなどの製品を産出（アウトプット）**します。さらに、製品が市場で販売されることによって企業は売上と利益を獲得しているのです。

❷ 利益と付加価値

　企業は利益を獲得しなければ存続できない営利組織であることと、経営資源の投入（インプット）から変換（スループット）を通じて、製品を産出（アウトプット）し、市場で販売することで利益獲得をすることについて前項で述べました。しかし、企業が産出（アウトプット）した製品は、必ず市場で受け入れられるとは限りません。企業の製品は、それを購入する買い手（消費者、あるいは企業）がお金を支払う「価値」があると認めなければ売れないでしょう。

　そこで問題となるのが「価値」という考え方です。とりわけ、「**付加価値**」という言葉が重要になります。図4−1は、利益と付加価値の概念図を示したものです。

　図4−1にしたがって、話をわかりやすくするために具体例で説明していくことにしましょう。企業がある製品を産出（アウトプット）し、それを小売店において1,000円で販売する状況を考えてみます。このときの売上（お客さんから支払ってもらうお金の総額）は1,000円となります。しかし、企業はこの売上1,000円をすべて利益として獲得できるわけではありません。なぜなら、その製品を生産するために用いた原材料費や、生産を行うための土地や設備等に費用がかかっているからです。仮に、原材料費として300円かかり、土地・設備代に400円の費用がかかったとします。この時点で売上から費用を差し引いた金額は1,000円−700円の300円となります。

図4−1　利益と付加価値の概念図

この300円に相当する部分は、製品の生産にかかる費用以上の「価値」をお客さんが認めて支払ってくれた金額と捉えることができます。これが付加価値という考え方です。例えば、ある企業の製品のブランドが魅力的であるからとか、品質に定評のある企業の製品であるから、同様の他社製品よりも高い価格で購入するといった購買行動をとった経験がある読者も多いと思います。

すなわち、付加価値とは、人が資本を用いて企業活動を行い、新たに生み出した価値と定義することができます。さらに、この付加価値の部分から人件費等を差し引いた部分が企業の**利益**として獲得できることになります。

以上のことから企業の目的についてまとめると、企業は市場が認知する付加価値を常に生み出して利益を獲得していかなくてはいけないということになります。ただし、実際の企業は同じような製品やサービスを提供する競合企業と買い手（消費者、あるいは企業）を奪い合わなければなりません。そのため、企業は顧客ニーズを加味しながら、独自の価値を持った製品・サービスを提供する必要があります。この点において、他企業との競争を考える必要がでてくるのです。

以下では、競争戦略の基本的な考え方を示したうえで、競争戦略とは何かを示していくことにしましょう。

2 ── 競争戦略に必要な4つの要素

企業の競争戦略をわかりやすく説明するために、山登りをする状況をイメージしてみることにしましょう。図4-2は、ある山の登山コースを示したものです。あなたが登山をする際、どのように計画を立てていくかを想像してみてください。例えば、誰と行くのか、いつ行くのか、どの山に登るのか、費用はいくらかかるのかといったことを考えるはずです。さらには、どういった特徴の山なのか、同行するメンバーの装備はどうするのか、登山のペースはどうするのかといったより具体的な計画も必要になってきます。

企業の競争戦略においても山登りにおいても、以下の4つの要素が必要になってきます。すなわち、①**目標設定**、②**環境分析**、③**資源・能力分析**、④シ

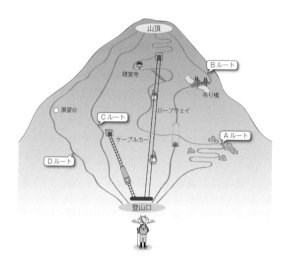

図4-2　山登りでイメージする競争戦略

ナリオです。

　①目標設定とは、山登りであれば目的地を決めることです。例えば、○○山の山頂を目指すというのが目標設定になります。企業に当てはめると、売上高を前年比○○％アップとか顧客満足や従業員満足を向上させるなどが目標設定になります。

　②環境分析とは、山登りであれば、目的地までの環境を分析することです。例えば、○○山の登山コースは険しい岩場なのか、あるいは、ハイキングコースなのかといったことを明らかにします。企業に当てはめると、自社が競争する業界は競合企業が多数存在して競争が激しいのか、あるいは、他社がほとんど存在せず競争が緩やかなのかを明らかにします。

　③資源・能力分析とは、山登りであれば、自身の準備状況を分析することです。例えば、○○山の登山コースを進むためには登山靴を準備する必要があるのかとか、○○山の山頂を目指すのに十分なトレーニングをしているかどうかといったことを分析します。企業に当てはめると、自社が目標とする売上高アップのために、研究開発費が十分に確保できているのかどうかということや、販売担当者の能力育成が十分に行われているのかどうかといったことを明らかに

します。

　④シナリオとは、山登りであれば、目的地への経路やスケジュールを決定することです。企業に当てはめると、目標とする売上高アップを何年で達成するのかということや、目標達成のためにどういう段階をふむのかといったことを決定することです。

　「戦略」という言葉の定義については、研究者や実務家の間でもさまざまな定義がなされています。本章では、そのなかでも沼上幹の定義を紹介しておくことにしましょう。沼上は、戦略を以下のように定義しています[1]。

> 　自分が将来達成したいと思っている「あるべき姿」を描き、その「あるべき姿」を達成するために自分の持っている経営資源（能力）と自分が適応するべき経営環境（まわりの環境）とを関連づけた地図と計画（シナリオ）のようなもの。

　この定義にも競争戦略に必要な4つの要素である、①目標設定、②環境分析、③資源・能力分析、④シナリオが含まれていることがわかります。

　ここまで、企業の競争戦略についての基本的な考え方を紹介してきました。以下では、競争戦略の代表的な研究者であるポーター（Porter, M. E.）の基本戦略について説明していくことにしましょう。

2　ポーターの競争戦略

　本節では、ポーターの競争戦略の考え方のなかでもとりわけ基本的なものについて説明していきます。ポーターはアメリカのハーバード大学の教授であり、産業組織論という分野の研究に基づいて経営戦略に関わるさまざまな理論を提唱している人物です。以下では、ポーターの理論のなかでも必ず知っておいてほしい考え方を2点紹介していきます。具体的には、「ファイブ・フォース・モデル」と「基本戦略」です。

1 ── ファイブ・フォース・モデル

　ポーターは、企業が継続的に利益を上げるためには企業が競争する産業の構造を理解する必要があるという考え方から、業界の構造を分析する手法を確立しました。その分析手法が**ファイブ・フォース・モデル**（five forces、ファイブ・フォーセズともいう）です。ファイブ・フォース・モデルを用いて明らかにできることは、分析対象とする業界が儲かるか儲からないかという点です。このモデルでは、儲かるか儲からないかの可能性のことを**利益ポテンシャル**と呼びます。ファイブ・フォース・モデルでは、5つの競争要因が利益ポテンシャルを左右する要因としてあげられています。具体的には、**①既存企業間の対抗度、②新規参入の脅威、③買い手の交渉力、④売り手（供給業者）の交渉力、⑤代替品の脅威**の5つです。図4－3はファイブ・フォース・モデルの概念図を示したものです。

　また、図4－4はファイブ・フォース・モデルの5つの競争要因と利益ポテンシャルの関係を図示したものです。この図に示されているように、5つの競争要因がそれぞれ強ければ強いほど（プラスになればなるほど）、利益ポテンシャルは下がる（マイナスになる、儲からなくなる）という関係があります。

　では、5つの競争要因はどのような状況で強く作用するのでしょうか。以下では、5つの競争要因が利益ポテンシャルを左右する理由について確認してい

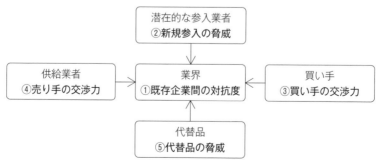

図4－3　ファイブ・フォース・モデルの概念図

出典：沼上（2008）『わかりやすいマーケティング戦略（新版）』有斐閣　p.176を一部改変

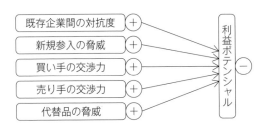

図4－4　5つの競争要因と利益ポテンシャルの関係

きます。ここで説明を理解しやすくするために、ある仮定をおいて話を進めていきたいと思います。すなわち、「周りには、自社から利益を奪おうとする人々しかいない」という世界観を想定してください。それでは、5つの競争要因について順番に見ていくことにしましょう。

❶ 既存企業間の対抗度

　自社が競争する業界には競合企業がすでに存在していることがほとんどです。業界にすでに存在している競合企業のことを**既存企業**と呼ぶことにして、新たに参入してくる企業と区別します。

　既存企業間で行われる競争としては、価格競争や広告競争、新製品開発競争、顧客サービス向上の競争などがあげられます。これらの競争によって、市場全体の規模が著しく拡大しない限り、その業界の利益ポテンシャルは下がります。

　既存企業間の対抗度を強める要因としては、既存企業による価格競争や広告競争のほかに、産業の成長率や差別化の困難さ、競合企業の特徴などがあげられます。

❷ 新規参入の脅威

　自社が競争している業界に新たに参入してくる競合企業のことを**新規参入企業**と呼びます。新規参入企業が業界に与える影響としては、業界全体の生産能力が増大し、製品供給が増加してしまうことが考えられます。また、新規参入企業の存在を知った既存企業は、市場シェア拡大への意欲を増大させることも考えられます。これらの理由によって業界における激しい競争が展開される可

能性が大きくなります。

　こうした状況では、既存企業は従来の高い価格設定で大儲けすることが困難になるばかりでなく、価格を低めに設定する必要が出てくるため、その業界の利益ポテンシャルは下がります。

❸ 買い手の交渉力

　自社の製品を購入してくれる消費者、あるいは、企業のことを**買い手（買い手企業）**と呼びます。自社と買い手が取引を行う際、どちらがより有利な条件を相手に突き付けられるかという交渉力が利益ポテンシャルを左右することになるのです。買い手の交渉力の具体例としては、できるだけ安くて良質な製品を要求する、同じ値段でもより手厚いサービスを要求する、あるいは値引き要求が考えられます。買い手がさまざまな要求を自社に押し付けるだけの交渉力を持っている場合、その業界の利益ポテンシャルは下がります。

❹ 売り手（供給業者）の交渉力

　自社製品に用いる材料や部品を供給する企業のことを**売り手（売り手企業）**と呼びます。買い手の交渉力と同様に、自社と売り手（供給業者）が取引を行う際、どちらがより有利な条件を相手に突き付けられるかという交渉力が利益ポテンシャルを左右することになります。売り手（供給業者）の交渉力の具体例としては、売り手（供給業者）企業の材料や部品が自社にとって必要不可欠な場合や、売り手（供給業者）企業の数が少なく、ほかに安い企業を選ぶ余地がない場合、値上げ要求をしてくることが考えられます。売り手（供給業者）が、さまざまな要求を自社に押し付けるだけの交渉力を持っている場合、その業界の利益ポテンシャルは下がります。

❺ 代替品の脅威

　自社製品が満たしている顧客ニーズを異なるアプローチで満たす製品のことを**代替品**と呼びます。例えば、FAXと電子メールの関係や音楽再生機器とスマートフォンの関係などがあげられます。

　代替品が業界に与える影響としては、自社と同様の製品が低価格で販売されるとか、自社と同様の製品が価格は同じでも高性能であるといったことから、自社製品が売れなくなってしまうことが考えられます。すなわち、自社以外に魅力的な代替品が存在するのであれば、その業界の利益ポテンシャルは下がります。

　以上がポーターのファイブ・フォース・モデルの考え方です。近年では、5つの競争要因に加えてもう1つの競争要因として**補完財**という6つ目の競争要因を考慮する場合があります。補完財とは、お互いの製品を合わせて使うことで初めて何らかの製品機能が発揮される財のことです。例えば、パソコンとソフトウェアやスマートフォンとアプリ、デジカメとプリンタの関係などがあげられます。補完財業界に魅力的な製品を生み出す強力な企業が少数しか存在しない場合、その少数の企業が利益を取っていってしまうため、その業界の利益ポテンシャルは下がります。

　ファイブ・フォース・モデルの考え方は、業界の利益ポテンシャルを分析する手法として極めて有用性の高いものです。しかし、ファイブ・フォース・モデルを用いるにあたっての注意点を2点あげておきましょう。

　①業界の構造分析による主体的な戦略を考える必要がある

　ファイブ・フォース・モデルによって、どの業界が儲かるかを分析し、その業界を選ぶだけでなく、利益の出にくい業界で、どの競争要因に手を加えれば利益ポテンシャルを高められるかを戦略的に考える必要があります。

　②実際のビジネスは、競争と協調の組み合わせ

　既存企業間ですみ分けができる場合や、補完財メーカーと協力することで長期的な成長ができる可能性があります。この世のすべてが敵、というわけではないのです（本章コラム「競争戦略のゲーム理論的アプローチ」参照）。

　以下では、ファイブ・フォース・モデルであげられた5つの競争要因に対処するために、企業がとるべき基本戦略について紹介していくことにしましょう。

2 ── 基本戦略

　ポーターは、厳しい企業間競争のなかでも倒産せずに生き残っている企業は、他社と比べてどのような違いがあるのかという問いに基づいて分析を行いました。その結果、ポーターは、企業が生き残るための基本的な戦略を３つのカテゴリーに分類できると主張しました。その基本戦略とは、**①コスト・リーダーシップ戦略**、**②差別化戦略**、**③集中戦略**の３つです。図４－５は、それぞれの基本戦略の特徴を図示したものです。以下では、３つの基本戦略について具体的に説明していくことにしましょう。

❶ コスト・リーダーシップ戦略

　コスト・リーダーシップ戦略とは、競合企業よりも低コストを実現することで、市場の価格決定権を握ることができ、価格面において優位性を築くことができる戦略です。図４－５の分類軸で見てみると、競争優位のポイントは競合企業よりも低いコストであり、戦略（顧客）ターゲットの幅をより広いターゲットとする戦略です。この戦略が成功している場合、競合企業と表面的には同じ価格であっても、利益には大きな差が表れることになります。

　では、どのようにして競合企業よりも低コストを実現すればよいのでしょう

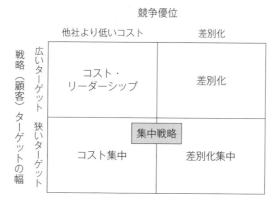

図４－５　３つの基本戦略の特徴

か。そのための方法として、以下の３つの効果を紹介しておくことにしましょう。すなわち、**①規模の経済性、②シナジー効果（範囲の経済性）、③経験曲線効果**です。

規模の経済性とは、一定の期間内に大量の製品を製造した方が、少量の製造をするよりも製品１個当たりのコストが低くなることをいいます。詳しくは第５章で学びますが、規模の経済性が発生する要因としては、生産規模の拡大による大規模な設備投資を行う場合や、原材料や部品の大量購入によって価格交渉力が向上する場合などが考えられます。

シナジー効果（範囲の経済性）とは、異なる種類の製品を製造・販売している方が、単一の製品を製造・販売しているよりも、製品１個当たりのコストが下がる効果のことです。シナジー効果が発生する要因としては、生産過程で副産物が発生する場合や、共通の部品や設備を利用するような製品を取り扱う場合などが考えられます。このような場合、主産物だけでなく副産物からも売上を確保することが可能となります。また、部品や設備の共通利用は、同一企業内で事業ごとにそれらを調達するよりも効率的に資源を活用することが可能となります。

第３章でも取り上げた通り、経験曲線効果とは、累積生産量が倍増するごとに、一定の比率で費用が減少するという効果のことです。経験曲線効果が発生する要因としては、労働者が特定の作業を繰り返し行うことによる習熟が期待できる場合や、製品の標準化（製品の仕様や構造を統一すること）により作業の反復が可能になる場合などが考えられます。

以上３つの効果により競合企業よりも低コストを実現できれば、他企業との競争に勝つことができるでしょう。しかし、コスト・リーダーシップ戦略にはいくつかの注意点があります。まず、コスト・リーダーシップ戦略が有利とならない要因として、以下の３点があげられます。

①市場におけるコスト面での主導権を確保するほど十分な資源を持たない場合
②攻撃的な競合企業から反撃される可能性が高い場合
③市場の成長率が低い場合

　自社よりも経営資源を豊富に有している企業が存在する場合、それを生かして自社よりも積極的にコスト水準を下げる取り組みをしている可能性が高くなります。また、豊富な経営資源を投入して、価格競争などの手段で自社を徹底的に攻撃してくる可能性があります。さらに、そのような状況において市場が成長していなければ（すなわち、新規顧客が増えていなければ）、競合企業は何としても顧客を奪おうという意識が高まるため、コスト水準の低下や価格競争などの取り組みをより一層強めることになるでしょう。

　また、コスト・リーダーシップ戦略の効果が損なわれる要因として、以下の2点があげられます。

①市場ニーズの変化
②製品や製造方法における技術革新

　これらの要因により、過去の経験の蓄積がコスト上の優位をもたらさなくなってしまう可能性があります。このことから、コスト・リーダーシップ戦略による優位は、いつまでも続くとは限らないということが重要です。

❷ 差別化戦略

　差別化戦略とは、製品・サービスの「違い」を顧客に認識してもらい、単純な価格ではなく、違いに価値を認めてもらうことを目指す戦略です。図4-5の分類軸で見てみると、競争優位のポイントは競合企業との違いであり、戦略（顧客）ターゲットの幅をより広いターゲットとする戦略です。この戦略が成功している場合、競合企業との価格競争が起きにくくなります。

　では、どのようにして競合企業との差別化を達成すればよいのでしょうか。企業が差別化を行うためには、自社製品・サービスの「違い」をつくり出さなければなりません。そこで必要になるのが、マーケティング戦略の領域で用いられる「**4つのP**」という考え方です（詳細は第6章参照）。企業がターゲットとする市場に働きかけるための手段の組み合わせをマーケティング・ミックスといいますが、マーケティング・ミックスは、**①製品（Product）**、**②流通チャネル（Place）**、**③広告・販促（Promotion）**、**④価格（Price）**の4つの要素で

考えます。

　この４つのPの組み合わせによって、企業の製品やサービスを特徴付けていくのです。差別化戦略は、マーケティング・ミックスの４つのPのいくつか、あるいはすべてにおいて、競合企業と自社製品・サービスの「違い」を構築することで競争に勝っていこうとする戦略です。

　しかし、差別化戦略にも注意点があります。すなわち、競合企業が後から同じような製品・サービスを市場に投入してくる場合があるためです。こうした戦略を**同質化戦略**といいます。この戦略は、自社が競争している業界内で１位のシェアを獲得しているリーダー企業がとる常套手段です。

　企業間の競争において、競合企業に同質化されないような差別化は容易ではありません。しかし、さまざまな業界における企業の戦略を見てみると、同質化されないための差別化の方法として以下の２点が考えられます。

①競合企業が保有していない資源に基づく差別化
②競合企業が製品のカニバリゼーション（共食い）を起こすような差別化

　競合企業には容易に模倣できない技術や知識などの経営資源を自社が有している場合、競合企業は同質化するための資源蓄積に時間を要することになります。また、競合企業にとって主力事業と位置付けている製品・サービスを代替してしまうような事業の場合、競合企業の内部で反発が起きる可能性が高くなります。競合企業は、そうした反発を解消することに経営資源が費やされてしまうのです。

　こうした差別化が成功するのであれば、競合企業の参入を遅らせることが可能となり、他企業との競争に勝つことができるでしょう。

❸ 集中戦略

　集中戦略とは、特定の製品、顧客、地域など、限定した領域に集中することで競争に勝とうとする戦略です。もう少し具体的にいうと、自社が競争する業界内において、潤沢な経営資源を有する競合企業が存在する場合、限られた経営資源を集中的に活用して「局地戦で勝つ」という考え方です。

　図4－5の分類軸で見てみると、競争優位のポイントは競合企業よりも低いコスト、あるいは競合企業との違いのいずれかですが、戦略（顧客）ターゲットの幅を狭く（限定的に）する戦略です。より厳密に区分するならば、競合企業よりも低いコストで競争優位を獲得しようとする戦略を**コスト集中戦略**といい、競合企業との違いで競争優位を獲得しようとする戦略を**差別化集中戦略**といいます。

　ここまで、ポーターの競争戦略についての考え方であるファイブ・フォース・モデルと基本戦略を紹介してきました。これらの理論は、ある企業がどの産業で競争すれば利益を上げることができるのか、あるいは、ある産業内で競争優位のポイントをどこに置くのかという点に着目した考え方です。言い換えるならば、市場において特定のポジションを獲得することで利益を上げることができるということを示しているといえます。

　しかし、実際のビジネスにおいては、企業が持つ経営資源も企業間競争に影響を与えているはずです。次節では、経営資源に着目した競争戦略について紹介することにしましょう。

3　リソース・ベースド・ビュー

　本節では、経営戦略論の理論的背景にある2つの考え方を紹介します。すなわち、**ポジショニング・ビュー**（positioning view）と**リソース・ベースド・ビュー**（resource-based view）という2つの考え方です。1990年代以後、これらの立場は対立関係にあるという議論がなされてきました。ポジショニング・ビューは「環境の機会と脅威」を中心として経営戦略を考える思考法であり、リソース・ベースド・ビューは「自社の強みと弱み」を中心として経営戦略を考える思考法です。ちなみに、ポジショニング・ビューの代表的な研究者が先ほど説明したポーターであり、リソース・ベースド・ビューの代表的な研究者はバーニー（Barney, J. B.）があげられます。ポジショニング・ビューとリソー

ス・ベースド・ビューの考え方は、企業が競争戦略を策定するうえで同時に考慮すべき重要な要素です。そのため、どちらの考え方も重要であるということを念頭に置いたうえで本節を読み進めていくことにしましょう。

1 ── ポジショニング・ビューとリソース・ベースド・ビュー

　ポジショニング・ビューとは、外部環境の機会と脅威を中心として経営戦略を考える立場です。ポーター[2]を代表とするこれらの戦略論では、どのような環境条件に直面している事業が利益を上げやすいのかを分析し、適切なポジションに自社の事業を位置付けて企業を運営していこうとする立場を採っています。これに対して、自社の強みと弱みを中心とした企業内部の経営資源に注目して経営戦略を考える立場がリソース・ベースド・ビューです。例えば、バーニーは、企業が持続的な競争優位を獲得するためには、価値があり、希少であり、模倣不可能で、代替不可能な経営資源が必要であることを主張しました[3]。

　しかしながら、ポーターはポジショニング・ビューの立場だけで競争戦略を考えているわけではありません。ポーターは、「環境の機会と脅威」だけでなく、「自社の強みと弱み」の観点からも競争戦略の理論を提示しています。以下では、リソース・ベースド・ビューの思考法に依拠した理論の代表例として、①ポーターのバリュー・チェーンと②バーニーのVRIOフレームワークについて紹介していくことにしましょう。

2 ── バリュー・チェーン（価値連鎖）・モデル

　ポーターは、企業が利益を獲得するための戦略として、業界構造の特徴を把握し、自社にとって有利なポジションを築くことの重要性を強調してきました。しかし、その後の研究でポーターは、**バリュー・チェーン**（value chain：価値連鎖）という考え方を提示しました。バリュー・チェーンとは、企業内部で行われる諸活動のうち、どれがどのような付加価値を生み出しているのかを明らかにする枠組みです。図4－6は、ポーターのバリュー・チェーンを図示し

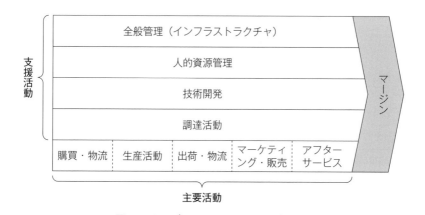

図４−６　バリュー・チェーンの概念図

出典：M. E. ポーター（土岐坤・中辻萬治・小野寺武夫訳）(1985)『競争優位の戦略—いかに高業績を持続させるか—』ダイヤモンド社　p.49

たものです。

　企業の活動は、大きく２つに分けて考えることができます。すなわち、**①主要活動**と**②支援活動**です。

　主要活動とは、購買・物流、生産活動、出荷・物流、マーケティング・販売、アフターサービスの５つのことです。これらは、企業活動を川上（メーカーの活動）から川下（小売店の活動）に至る活動として区分したものになります。また、支援活動とは、調達活動、技術開発、人的資源管理、全般管理の４つであり、企業の主要活動とは異なる副次的な活動として区分したものになります。

　ポーターは、企業活動を個々の活動単位に区分することで、企業のどの活動が競争力の源泉となっているのか（すなわち、付加価値を生み出しているのか）を分析するモデルを提示したのです。バリュー・チェーン・モデルは、企業の競争優位の源泉を企業内部の活動単位に見出すという点において、リソース・ベースド・ビューの考え方に依拠しているといえるのです。

3 ── VRIOフレームワーク

　リソース・ベースド・ビューの代表的な分析枠組みとしては、バーニーの**VRIOフレームワーク**があります。企業に持続的な競争優位をもたらすための経営資源の特徴としてバーニーが提示した要因は、以下の4点にまとめることができます。すなわち、①経済価値（**Value**）、②希少性（**Rarity**）、③模倣困難性（**Inimitability**）、④組織（**Organization**）です[★2]。この4つの要因の頭文字をとってVRIOと呼ばれています。図4－7は、VRIOフレームワークの概念図を示したものです。

　VRIOフレームワークでは、①特定の資源が経済的価値の源泉となっていて、②希少であり、③模倣が困難であり、④資源を活用できる組織体制が整っているという条件がすべて満たされていると、企業の競争優位が持続可能であると考えているのです。

　しかし、VRIOフレームワークには注意点があります。企業がVRIOフレームワークに基づいて自社の競争優位の源泉を明らかにしようとする際、候補となる経営資源が非常に多様であると戦略の方向性が定まらないという問題があります。また、企業の経営資源が誰にとって「価値がある」とするのかという点は、自社の強みと弱みを中心とした分析からは明らかにすることができないという問題があります。

　この問題点について沼上は、「ポジショニング・ビューが経営資源に関する視点で補われる必要があるのと同様に、リソース・ベースド・ビューも市場側の視点で補われる必要がある」[5]と指摘しています。すなわち、企業は競争戦略を策定するうえで、ポジショニング・ビューとリソース・ベースド・ビューのそれぞれの分析手法を合わせ技で活用していく必要があるのです。

★2　バーニーは、持続的な競争優位をもたらす経営資源の特徴として、①経済価値（Value）と②希少性（Rarity）、③模倣困難性（Inimitability）、④代替困難性（Nonsubstitutable）の4つを要因として挙げている[4]。そのため、VRINフレームワークと表現する場合もある。

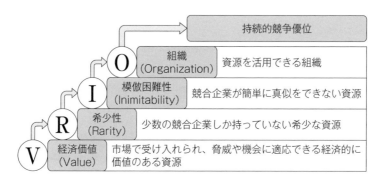

図4-7　VRIOフレームワークの概念図

　本章では、競争戦略の基本理論を紹介してきました。企業の製品やサービスが競合企業との競争を経て生き残るためには、市場側の視点と経営資源に関する視点が重要となります。そのため、企業は自社を取り巻く競合企業や取引相手とどのような関係を築いていくのかが問題となってきます。第5章では、自社と他企業との関係に焦点を当てた「ビジネスシステム」を取り上げて、企業間取引の仕組みを理解していくことにしましょう。

Column

競争戦略のゲーム理論的アプローチ

　本章で取り上げたポーターのファイブ・フォース・モデルや３つの基本戦略の考え方は、企業が今現在置かれているその時点での状況に関する分析手法でした。言わば、ある一瞬を写真に撮り、その場面について競合企業との競争を考えるという視点です。しかし、実際の企業間競争では、企業が市場で利益を獲得するためにさまざまな戦略を策定・実行すると、それに対して競合企業も対抗してきます。すなわち、**企業間の相互作用**を考える必要があるのです。

　こうした企業間競争の相互作用を考える際に有用なアプローチとして、経済学のゲーム理論があります。**ゲーム理論**とは、相手の出方を読みながら、最も良い結果になるよう自分の行動を決めるという考え方です。ゲーム理論に基づいて競争戦略を考えると、「相手の出方を読みながら、相互の『打ち手』の成り行きとそれが業界全体にもたらす変化を予想する」[6]ということになります。

「他店よりも１円でも高い商品があれば値引きします」の真意

　ゲーム理論的アプローチで企業の戦略の背後にある意図を読み解いてみましょう。みなさんは競争の激しい家電量販店において、「他店よりも１円でも高い商品があれば値引き」という広告を見たことはないでしょうか。消費者の立場からすると、一見とてもうれしいサービスのように感じられます。しかし、ゲーム理論的アプローチで考えるとまったく異なる見方ができるのです。競合企業がこの値引き広告を目にした場合、その企業は「自分たちが値引きをしてもあちらの企業にさらなる値引きをされてしまう」と考えるはずです。そのため、各社は安易な値引き競争（価格競争）をせずに同じ価格で販売するという結果に落ち着くのです。こうした状況を「**暗黙の共謀**」と呼びます。この種の値引き広告は、実は企業にとって、激しい価格競争を抑えるための戦略と考えることができるのです。

　このように、ゲーム理論的アプローチで競争戦略を考えた場合、企業間で激しい競争をするだけでなく、協調関係を構築して利益を獲得していくような戦略をとることができるのです。

演習問題

①興味・関心のある業界を取り上げて、ファイブ・フォース・モデルを用いた業界の構造分析をしてみましょう。

②身近な製品・サービスのなかで、ポーターの基本戦略（コスト・リーダーシップ戦略、差別化戦略、集中戦略）に当てはまる事例をそれぞれ考えてみましょう。

③興味・関心のある企業を取り上げて、バリュー・チェーン・モデルとVRIOフレームワークを用いた企業の資源・能力分析をしてみましょう。

★さらなる学びのためのブックガイド★

●沼上幹(2008)『わかりやすいマーケティング戦略（新版）』有斐閣
経営学の初学者必読書。ファイブ・フォース・モデルの詳細な解説はもちろんのこと、マーケティング戦略の基本理論についてもわかりやすく解説されています。

●A．ブランデンバーガー・B．ネイルバフ(嶋津祐一・東田啓作訳)(2003)『ゲーム理論で勝つ経営―競争と協調のコーペティション戦略―』日本経済新聞出版社
競争戦略のゲーム理論的アプローチをより詳しく学べる書籍です。具体的な事例を多数取り上げてゲーム理論を用いた分析がなされています。

●網倉久永、新宅純二郎(2011)『経営戦略入門』日本経済新聞出版社
入門書としての位置付けですが、具体的な経営分析手法について詳しく解説されているため、経営戦略についてより深く学習することができます。

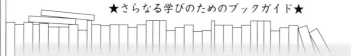

Business
Administration

第 5 章
ビジネスシステム

●本章の概要

　現代の企業にとっては、顧客（個人消費者・法人企業）がほしいと思っている製品・サービスを提供することが極めて重要です。顧客がその製品・サービスの価値を認めて購入してくれなければ、企業は売上や利益を十分に得ることができません。

　顧客にとっての価値とは、単に「価格の安さ」「製品・サービスの質の高さ」「企業の技術力の高さ」だけではありません。消費活動に伴う「感動」「驚き」といった情緒的価値を求める傾向が強まってきています。また、情報通信技術の発達により、顧客は製品・サービスに関する情報の収集をより迅速かつ正確に行うことができるようになりました。製品・サービスの購入や利用の方法も情報化社会の発展に伴い多種多様になっており、企業のビジネスチャンスが増えたと同時に競争も激しくなってきています。企業にとっては、製品の差別化や価格競争といった戦略だけでは競争を勝ち抜くことが困難になりました。

　本章では、企業が顧客価値を生み出して、それをうまく顧客に届け、利益を獲得する仕組みにおける差別化について考えていきます。

●キーワード

- ☐ ビジネスシステム
- ☐ 事業コンセプト
- ☐ 規模の経済性
- ☐ 範囲の経済性
- ☐ ネットワークの経済性
- ☐ 顧客価値

1 ケース（企業事例）：はなまるVS丸亀製麺 ─●

　みなさんは、日本のソールフードの代表格とも言えるうどんをよく食べますか。また外食する際は、どのようなポイントでうどん専門店を選んでいますか。

　近年、讃岐うどんが話題となり、幾度かブームを引き起こしました。讃岐うどんは、打ち立て、茹でたてのうどんを、時には席もない製麺所内の狭い空間でセルフサービス形式で、1杯100〜200円程度で食べられる郷土料理です。

　丸亀製麺とはなまるうどんは、うどん業界の二強とも言われています。両者はともに讃岐うどんのブームに乗り、2000（平成12）年に事業を展開し始めましたが、それぞれ異なる経営戦略とその戦略を実現するための仕組みで進めてきており、その成長においては明暗が分かれています。

1 ── はなまるうどん

　はなまるうどんは、株式会社はなまるが運営しているセルフ式うどん店で、2000（平成12）年5月に香川県高松市に1号店となる木太店を開店し、2002（同14）年には岡山県倉敷市で県外初出店を実現するとともに、**フランチャイズ（FC）**[1] 展開を開始しました。はなまるは、チェーン・ストア経営（本部で仕入れた商材を複数の店舗に一括供給する経営手法）の基本的な論理に基づく急速な出店による規模拡大を通じて、低コスト運営と低価格で商品を提供するという形で店舗数を増やし、創業からわずか3年半で店舗数が150店を突破しました。

　はなまるは効率性を追求するために、店内での麺の打ち立てではなく、セントラルキッチン（製麺工場）で麺をつくる仕組みをとっています。麺の質が均

---

[1]　加盟店が事業本部とフランチャイズ契約を結ぶことをいい、商標・チェーン名称、商品、ビジネス・経営ノウハウ、技術サポート・研修がすべて一体となった「パッケージ」を得ることができるビジネスです。加盟店はパッケージを利用する権利を得る代わりに、その対価としてロイヤリティと呼ばれる代金を本部に支払います。

一に保たれるため、どのお店に行っても同じ質の麺が食べられ、また短時間で商品を提供することができます。さらに、店内に製麺機を設置しないため、店舗面積が狭い街中における出店も可能となり、急速に店舗数を増やしていきました（図 5 − 1 ）。

　しかし、人材確保と育成が規模拡大に追い付かず、また既存店舗の営業収入も継続的に減少傾向にあったため、2004（平成16）年に、外食チェーン店のノウハウを持つ吉野家ディー・アンド・シー（現・株式会社吉野家ホールディングス）と業務提携を結び、2006（同18）年に吉野家ホールディングスの連結子会社となりました。

　吉野家ホールディングスの「コーポレート・レポート（2019）」によると、2019（平成31）年 2 月期時点で、はなまるうどんの店舗数は国内512店、海外44店、合わせて556店舗となっています。また、グループ売上高に占める割合は、本家の吉野家の51％に次ぐ14％となっています。

　吉野家ホールディングスグループは、将来の成長に向けてビジネスシステムの転換を目指す長期ビジョン「NEW BEGINNGS 2025」を打ち出しています。そうしたなかで、飲食業の再定義につながる新たな**顧客価値**の創造に取り組んでおり、その方向性として「ひと・健康・テクノロジー」の 3 つを打ち出して

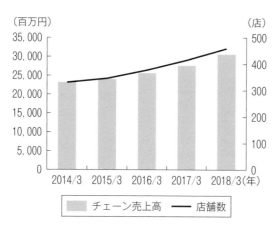

図 5 − 1　　はなまるうどんの店舗数と売上の推移

出典：株式会社はなまるのホームページの情報をもとに筆者作成

います。はなまるは、肉うどんで男性客を狙う丸亀製麺に対抗するために食物繊維麺やヘルシー天ぷらなどを開発し女性客を増やしてきました。また、女性客が注文しやすくするため、商品サイズも工夫しました。具体的には、女性客が「大盛」を注文することをためらうことに注目し、丸亀製麺の「大サイズ」よりも多い「中サイズ」を設定しメニュー展開しています。また、うどんについては「いりこ（煮干し）だし」を用いることに強いこだわりを持っており、供給が不安定になりがちないりこを創業当初から使用し続けています。原料である小麦粉は、うどん用小麦の生産に適した気候のオーストラリア産を主体に国内産が配合されたものを使用し、讃岐うどんの特徴であるコシと風味を出すために自社製造の生麺の使用を貫いています。

　出店に関しては、上述したように急速な店舗展開のため、人材確保と育成が追い付かず店頭サービスの質の低下等よる業績の低迷という苦い経験を味わったことから、現在は人材育成に力を入れつつ、店舗オペレーション効率を高めることで収益性の改善を図っています。さらに、労働力不足に対応するために、セコムグループのICT事業部とAIベンチャー企業の3社で勤務シフトの自動作成システムの共同開発を行い、このシステムを活用することで、勤務シフトの作成業務の負担を大幅に減らし、人員配置の最適化を図っています。

2 ── 丸亀製麺

　丸亀製麺は、株式会社トリドールホールディングス（TORIDOLL）が展開している飲食業のなかの一ブランドとして成長しています。

　トリドールは1985（昭和60）年に兵庫県加古川市に焼き鳥居酒屋として創業し、2000（平成12）年にセルフうどんの業態として「丸亀製麺」を開店しました。その後、ロードサイドやショッピングセンターのフードコートへの出店を進め、2011（同23）年には全都道府県への出店と国内店舗も500店を突破しました。また、積極的に海外進出も進めており、2018（同30）年3月には国内外で1,000店舗に達しました。2019（同31）年3月末現在、国内営業店舗数は817店、売上収益は899億円となっています。また、2018（同30）年9月末現在、

東南アジア、ヨーロッパなど世界14か国と地域に213店舗を展開しています。

　図5－2からもわかるように、トリドールホールディングスの売上の多くが丸亀製麺によって生み出され、また、図5－3にあるように、店舗数においても丸亀製麺が中心となっていることがわかります[2]。

　丸亀製麺は、店内で製麺し、その場で茹で上げた麺を提供する「臨場感」と

図5－2　売上収益の推移

出典：トリドールホールディングス2019年度財務情報をもとに筆者作成

図5－3　店舗数の推移

出典：図5－2に同じ

[2]　2018（平成30）年3月期以降はグループの海外事業拡大により、それぞれの割合が低下しました。

手づくり・できたての味の「感動」を伝えるために、さまざまな点にこだわりを持っています。

　まず、店の入り口に小麦粉の袋が無造作に積み重ねられており、製麺機も入り口に設置して、店内での打ち立て麺という手づくり感を演出しています。そのため、ほかのうどん屋さんのようにオフィス街などの狭い空間には出店せず、ロードサイドやショッピングセンターなどを中心に店舗を展開しています。うどんに関しては、北海道産の小麦粉のみ使用することにし、味を左右するだしもすべて天然の素材からつくっています。チェーン店における経営理論に反して、コスト削減のためのセントラルキッチンによるつくり置きをせず、麺のばらつきは若干生じますが、店内製麺を行っています。しかし、クオリティを全く無視しているわけではなく、たった一人の「麺匠」が全国の店舗を巡回し指導を行っており、さらに、指導管理を徹底的に行うために、国内においてはフランチャイズ契約ではなくすべて直営店で展開しています。

　人材育成においては、開業当初から意識的に中年の従業員を採用するようにしています。その理由として、仕事に誇りを持つ傾向があること、コミュニケーション能力が高く、地域情報も熟知しているため、メニューや在庫管理を地元の行事・天候に合わせて調整することができ、常連客との顧客関係も築きやすくなるためです[1]。

　管理業務においては、ITシステムやデジタル端末の導入で効率化を図っています。iReportシステムやiPadの導入による従業員の健康管理や店づくりの把握で、エリアマネージャーの作業効率が格段に上がっています。小野正誉によれば、IT技術の活用により、全店舗で年間作業時間を約2,400時間削減することに成功しています[2]。

　以上のように、両社は同時期に同じカテゴリーの商品・サービスの事業を展開してきましたが、企業業績に（大きな）差が生じています。2018（平成30）年の売上を見ると、はなまるの306億円に対して丸亀製麺はその約３倍の900億円超を達成しました。この差は、企業が事業を展開する仕組みとその構成要素の違いによるものと考えられるため、本章ではそれについて考えていきます。

2　ビジネスシステムとは（事業システム、ビジネスモデル）　─●

　上記で見てきた事例からもわかるように、同業他社間の競争に勝ち抜くこと
は、提供する製品・サービスがより多くの顧客に選ばれ、かつ十分な利益を獲
得することができるかどうかにかかってきます。それは商品の品質やデザイン
のような顧客が見てわかる部分による差別化だけではなく、事業を展開する“仕
組み”の差別化によって実現されるものです。また、消費者の消費志向が“所有”
から“共有”へと変化しつつある、いわゆるシェアリングエコノミーの時代にお
いては、従来型の“仕組み”を見直して新たな“仕組み”を構築しなければなりま
せん。

　ここでは、事業を展開する仕組み、すなわちビジネスシステムの定義につい
て詳しく見ていきます。

　加護野忠男と井上達彦が「経営資源を一定の仕組みでシステム化したものを、
“事業システム”あるいは**“ビジネスシステム”**という。**ビジネス・スキーム**や**ビ
ジネス・フォーマット**あるいは**ビジネス・パラダイム**と呼ばれたこともあった。
最近では、**ビジネスモデル、ビジネス・アーキテクチャと呼ばれることもある**」[3]
と述べているように、事業を展開する仕組みに関する用語自体はさまざまな形
となっています。言葉のみならず、定義や構成要素についても研究者、実務家
によって、また使用する文脈によってもさまざまな形で定義付けられています。
そこで、本章ではビジネスシステムについて以下のように定義します。

> 　ビジネスシステムとは、企業がターゲット層の顧客を定め、顧客価値を
> つくり出し、提供する仕組みのことです。すなわち、誰に、何を、どのよ
> うに提供するか、またいかにして利益を獲得するか、さらにそれらを完遂
> するための企業内部の組織設計、外部企業との関係構築のあり方に関する
> 意思決定をいいます。

　また、加護野と井上は、「誰に、何を、どのように」という3つの視点から
事業を展開する仕組みについて考えなければならないことを指摘しています。

この３つの視点は、顧客は誰か、顧客が求める価値とはいかなるものなのか、それをどのような仕組みで提供するのかに対して明確に規定することです。これはビジネスシステムを構築するための基本概念で、**事業コンセプト**と呼びます。丸亀製麺の事業コンセプトは、讃岐うどんの本場で行われているように、アットホームな環境下で「感動・臨場感」をすべてのお客様に提供することであり、具体的には、店内で麺をつくり、顧客関係を重視するサービススタイルによって提供されています。

3 　内部化か外部化か（ビジネスシステムの構築）──•

　ビジネスシステムの視点で企業の競争力を分析するためには、第４章で学んだバリュー・チェーン（価値連鎖）という概念を把握する必要があります。というのは、バリュー・チェーン上の業務活動については、すべてを自社で行う場合もあれば、他社に分担してもらう場合もあります。業務活動を細分化したうえで、他社との分業および分業した業務をどのように制御するか、これらのどこに自社の業務活動の重点を置くかに関する分析枠組みを、バリュー・チェーンが提供してくれているからです。

　企業は、バリュー・チェーン上で企業にとって競争力・付加価値の高い領域や、リーダーシップを取るべき領域を見極めて自社の中核的な経営資源をそこに集中的に投下します。そして、それ以外の業務は外部企業に任せるという「選択と集中」によって、限られた経営資源を効率的に活用することができます。このように、バリュー・チェーン上の業務の一部を企業内部で行うことを**内部化**といい、業務の一部を外部企業に分担してもらうことを**外部化**（アウトソーシング）といいます。内部化か外部化か、いわゆる「Make or Buy」に関する意思決定は、既存の「製品・サービスのアイデア」を新たな仕組みで提供する、すなわち新しいビジネスシステムを構築する際に、重要なポイントとなります。業務活動範囲の選択は、企業の歴史、扱う製品の特性、実施する戦略の中身および実行方法によって同じ業界内の企業でもかなり異なっています[4]。

　業務の内部化か外部化かに関する「選択と集中」の意思決定を行う方法の一つとして、当該業務の付加価値の大きさから判断するスマイルカーブが考案されています。これは、Acer（エイサー）という台湾のパソコンメーカーの創業者であるスタン・シーが1992年に提起した概念です。パソコン産業において、付加価値は川上産業から川中産業へと徐々に低下し、川下産業へと再び上昇するという現象が観測されました（図5－4）。バリュー・チェーンの両端の付加価値が最も高いため、製造・組立の外部化とデザイン・マーケティングおよびアフターサービスの内部化は多くの製造業において主流のビジネスシステムとなっています[5]。

　アップル社はデジタル機器のメーカーではありますが、工場を持たないファブレス企業[★3]で、自社の強みともいえる研究開発、デザインおよびマーケティングのみを担当しています。そうすることによって自社の競争優位の源泉をつくり出すことができ、かつ競争相手がまねできない、あるいはまねるには時間がかかるビジネスシステムが構築されます。また、アップル社が運営する各種アプリケーションのダウンロードサービスであるアプリストア（App Store）は、アップル社以外の開発業者が提供するアプリ、いわゆるサードパーティーアプリを多く採用しています（初期段階においては創業者のスティーブ・ジョブズが拒否していました）。そうすると、ユーザーにとっては魅力的で便利なため、利用頻度が増えていきます。一方開発業者にとっては「利用者数＝ダウンロー

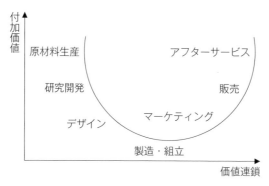

図5－4　スマイルカーブ

ド数」が確保されるため、より多くのアプリを提供するモチベーションが高まります。このようにApp Storeは利用者と提供者間のやり取りの場を提供し、それを促す役割を果たしており、アップル社製品の購買へと誘導することにもつながります。これは後述するネットワークの経済性を生かしたプラットフォーム戦略とも呼ばれています。

　プラットフォーム戦略を展開するには、企業外部の資源や機能を活用しなければなりません。近年、一企業がすべての業務活動を担当することはむしろできなくなってきています。製品ライフサイクルが短くなっており、製品開発のリスクや投資額がともに増加傾向にあるため、企業の競争優位を持続させるために戦略的な外部資源の活用がなされています。そして、アウトソーシング、ファブレス、OEM★4などの形で生産、研究開発などの業務を外部に委託することでさまざまなリスクへの対応や設備投資のスリム化が図られています。

4　3つの経済性（規模の経済性・範囲の経済性・ネットワークの経済性）

　ここでは経済性を、コストを低下させ、利益を増大させるための原理を法則的に表していくこととして述べていきます。

　経済性原理を忠実に守って事業展開を行い成功している企業もあれば、逆に原理を破り独創的なアイディアや仕組みで成功する企業も存在していますが、ビジネスシステムの構築を理解するには、これらの経済性原理を押さえておく必要があります。以下では3つの経済性について解説します。

★3　ファブレス（fabless）とは、fab（fabrication facility「工場」）を持たないという意味で、製造は外部企業に委託する製造業のことをいいます。ゲーム機メーカーの任天堂もその一社です。

★4　OEMとは、Original Equipment ManufacturingまたはOriginal Equipment Manufacturerの略語で、委託者のブランドで製品を生産すること、または生産するメーカーをいいます。

1 —— 規模の経済性

　規模の経済性とは、生産規模が拡大すると製品単位当たりの平均費用が下がることをいいます。簡単に言えば、企業はたくさん生産し販売するほど、それだけコストを下げることができるということです。

　これを理解するために、まずコストが固定費と変動費からなっていることを把握しておく必要があります。固定費とは、生産量の変化にかかわらず発生する一定の費用のことを指し、設備投資費、研究開発費、広告宣伝費などが含まれます。変動費とは、生産量の多少にともなって変化する費用のことで、原材料費や光熱費などが含まれます。

　規模の経済性の本質的なメリットは、固定費を分散させる点にあります。例えば、1億円の設備投資・研究開発を行ったとしましょう。製品を100個しか生産しなければ1個当たりの設備投資・研究開発の費用は100万円になります。しかし、製品を10,000個生産すれば1個当たりの費用は1万円となります。このように、たくさんつくれば固定費の分散によって製品が安く生産できます。しかし、生産量が無限大に拡大すればというわけでもありません。一定の規模を超えると、**規模の不経済**が生じ、管理運営上の非効率が生まれてきます。また、平均費用もそれ以上下がらず規模拡大のメリットがなくなります。

　したがって、ビジネスシステムを構築する際は、自社の規模をどこまで拡大させるか、すなわち、自社の規模拡大のメリットがなくなる境目を知ることが重要になります。外食産業を含め、多くのサービス企業は出店競争を通じて規模の経済性を図り、大口仕入れをしてコストを抑えようとしています。しかし、急速な出店拡大に伴う弊害が露呈すると、規模の不経済が働き業績低下などが見られるようになります。

2 —— 範囲の経済性

　範囲の経済性とは、同一企業が複数の事業を同時に展開した方が製品の単位当たりのコストの低下につながるという概念です。範囲の経済性が働く理由は、

規模の経済性と同様に固定費の分散にあります。しかし、単に設備投資といった有形資産の固定費のみならず、販売チャネルの共有、それに伴う顧客情報の共有、また商品・企業のブランドといった無形資産の多重利用も考えられます。

　例えば、ライザップというマンツーマントレーニングでボディメークを行う企業は、インパクトのあるCMを用いてブランド効果が高まり、その後、ヘルスケア、健康食品、美容・化粧品、アパレルなど関連事業を次々に買収して事業範囲を拡大しています。顧客情報、販売チャネル、ブランド力といった共通の資源を活用したコストの低減とともに、シナジー効果（相乗効果）も得られると考えられます。

　範囲の経済性と規模の経済性の違いとしては、前者は異なる事業で共通コストを分散させること、後者は同じ事業で共通コストを分散させることで総コストを低減させる点にあります。しかし規模の経済性と同様、範囲の不経済も生じやすくなります。さまざまな事業を展開することにより、異なるビジネスを同じ理屈でマネジメントしようとすると、意思決定のズレが生じやすく業績に影響を与え、最終的に撤退することもあり得ます。前出のライザップはその好例となります。2019（平成31）年3月期の最終利益（2018［同30］年度グループ業績）は193億円の赤字となり、前期の90億の最終黒字から大きく下落しました。その要因の一つは、幅広く買収を行ったことにより範囲の不経済が生じたと考えられます。

③── ネットワークの経済性

　ネットワークの経済性とは、ある製品・サービスのユーザー（利用者）が増えるほど、この製品・サービスの価値（利便性・便益）が増えるという現象です。ネットワーク効果やネットワーク外部性ともいいます。

　携帯電話を例に考えてみましょう。もし世の中一人しか利用者がいないとすると、携帯電話を持つ意味はありません。通話・通信の相手がいないからです。しかし、携帯電話のユーザーが増えるほど、多くの人とやり取りでき、多くの情報も手に入れることができます。また、ある一定のユーザーの数に達すると

（**クリティカルマス**という）、事業が急激に成長していきます。みなさんも利用したことがあるかもしれませんが、フリマアプリのメルカリはこのような形で今日まで急成長してきました。2013（平成25）年にサービスを開始し、わずか5年間で累計流通額が1兆円を突破し、月間利用者が1,100万人を超えています。ICT（情報通信技術）の発達により、デジタル端末（スマートフォン、iPadなどのタブレット端末）一台でCtoC、CtoB[★5]という形でモノ・サービスを買ったり売ったりすることが簡単にできるようになりました。メルカリを利用して売りたい人、買いたい人が増えるほど、メルカリを利用するメリットが増え、さらに売買したい人を引きつけるという好循環が形成され、幾何級数的な成長が続いています。

　本章のコラムで述べているように、世界的に急成長を成し遂げた企業の多くは、ネットワークの経済性を活用して「プラットフォーム戦略」を展開しています。21世紀の経営戦略は、「規模の経済性」や「範囲の経済性」よりも「ネットワークの経済性」がより重要になってくるでしょう。

　現在、少子高齢化の時代において、さまざまな問題が生じています。労働力不足、財政税制および社会福祉問題など、いずれも非常に重要で解決しなければならない課題になりますが、それとともに重要なのは、新しい産業、あるいは新しいビジネスシステムを活用した産業・企業の育成ではないでしょうか。それらを実現するためには規制緩和や法改正も必要不可欠です。

Column

ICTとプラットフォーム戦略

　『情報通信白書　令和元年版』によれば、1990年代後半以降、OECD先進諸国のうち、日本のICT（情報通信技術）への投資額は最も低いとされています。

[★5]　CtoCとは、Consumer to Consumerの略で、C2Cとも呼ばれます。消費者間で行われる取引のことを指しています。CtoBとは、Consumer to Businessの略で、C2Bとも呼ばれます。一般消費者・個人が企業を相手に取引を行うことを指しています。

　デジタル経済が先進諸国の経済を支えている時代では、ICTの発達が企業の業績を左右し、より多くのビジネスチャンスを生み出すことになります。ICTを生かした新たな競争戦略である「プラットフォーム戦略」は、アメリカのGAFAや中国BAT、いわゆるデジタル・プラットフォーマーの急速な成長に伴い注目を集めています。

　プラットフォームとは、もともと土台や駅ホーム、海洋から石油などを掘削するために必要な巨大建築物を指していますが、デジタル・プラットフォームとは、インターネットとスマートフォンなどのデジタル端末を生かして生産者と消費者を仲介するマッチング・システムを指しています。このマッチング・システムは所有者、生産者、消費者（ユーザー）によって構成され、より多くの生産者と消費者を当該プラットフォームに引きつけることが成功するポイントになります。

　デジタル・プラットフォームの成功事例として、GAFAのほかにUber（ウーバー）、Airbnb（エアビーアンドビー）などがよく引き合いに出されます。これらの企業の成功は追加投資をそれほど多くかけずに、いわゆる限界費用ゼロで事業規模を拡大することができたからです。このようなプラットフォーム戦略の成功は、ひとえにICTの発達によるものです。冒頭で示したICTへの投資額の低さは、21世紀における日本企業の競争力の低下をもたらす要因の一つとしてあげられます。

※GAFAとは、アメリカのデジタル関連企業Google、Apple、Facebook、Amazon 4社、BATとは、中国のデジタル関連企業Baidu、Alibaba、Tencentの3社を指しています。

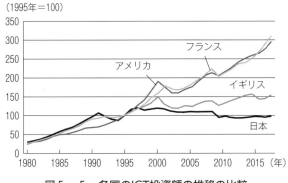

図5－5　各国のICT投資額の推移の比較

出典：総務省（2019）『情報通信白書　令和元年版』日経印刷株式会社　p.62

演習問題

①あなたが興味を持つ業界から企業を2社選び、ビジネスシステムの違いとそれによって生み出された競争優位性の違いについて考えてみましょう。

②ネットワークの経済性を生かしたビジネスシステムの事例を取り上げ、バリュー・チェーンの視点から分析してみましょう。

③日常生活で接点が多い製品・サービスを扱う企業を1社選び、どのような価値をどのようなビジネスシステムで提供しているのか考えてみましょう。

★さらなる学びのためのブックガイド★

●S. ギャロウェイ（渡会圭子訳）(2018)『the four GAFA―四騎士が創り変えた世界―』東洋経済新報社

企業価値を評価する際、企業の発行済み株式の時価総額がよく用いられます。世界的なランキングを見ると、20年前の顔ぶれと現在とはまったく異なります。近年、上位の常連企業はGAFA（Google、Apple、Facebook、Amazon）と呼ばれ、それぞれの価値創造と獲得の仕組みが研究されています。最も成功している企業の事業システム、それによって派生する課題について理解をより深めようとする方におすすめの一冊です。

●A. スンドララジャン（門脇弘典訳）(2016)『シェアリングエコノミー』日経BP社

21世紀はシェアリングエコノミーの時代だといっても過言ではありません。成功企業が採用している新しいビジネスシステムの多くはシェアリング・ビジネスで、市場や雇用に大きな影響を与えています。本書はその背景と影響について分析し、21世紀における企業の経営環境の特徴を解説しています。

●川上昌直 (2014)『ビジネスモデル思考法―ストーリーで読む「儲ける仕組み」のつくり方―』ダイヤモンド社

ストーリー仕立てになっている会社の上司と部下の会話を通して、ビジネスモデル（ビジネスシステム）の仕組みをわかりやすく解説しています。経済小説さながらの展開となっていますが、きちんと経営学の本質に迫っており、21世紀の競争戦略の発想を教えてくれます。

●根来龍之 (2014)『事業創造のロジック―ダントツのビジネスを発想する―』日経BP社

電子書籍業界のアマゾン、コンビニエンスストア業界のセブン-イレブン・ジャパン、LCCの元祖であるサウスウエスト航空などを取り上げ、成功要因分析を通して、ビジネスシステムを構築する基本要素を明らかにしていきます。起業する意欲のある方には是非一読してほしい一冊です。

Business Administration

第 6 章
マーケティング

●本章の概要

　例えば、今みなさんがパソコンを買いたいと思っているとします。家電量販店に行けば、さまざまなメーカーのパソコンが揃っており、さまざまな機能や価格帯が存在します。パソコンに詳しい人ならスペックを比較して、自分が出せるお金のなかで最善のものを選ぶでしょう。パソコンに詳しくない人なら、店員さんに相談しながら決める人もいれば、友だちが使いやすいと言っていたものにする人もいるでしょう。

　このように、みなさんはそれぞれの基準や方法で「必要なもの・ほしいもの」を選び、購入・利用・使用しているのですが、そもそも、なぜ消費者が「ほしいもの」が提供されているのでしょうか？

　これらは、企業が消費者や顧客が求めるものを分析し、自社の強みを発揮できる市場や商品を決め、顧客にさまざまなアプローチを行い、顧客の購買行動に結び付けているのです。この一連の活動を「マーケティング」といいます。

　この章では、企業がどのようにマーケティング活動を行っているかについて学んでいきます。

●キーワード

- ☐ マーケティング
- ☐ ニーズ・ウォンツ・ディマンド
- ☐ 外部環境・内部環境
- ☐ セグメンテーション・ターゲティング・ポジショニング
- ☐ 4P
- ☐ 4C

1 マーケティングとは ─────────●

1 ── さまざまなマーケティングの定義

　「マーケティング」とは何か、という問いに対して、さまざまな機関や研究者たちが定義しています。例えば、アメリカ・マーケティング協会（AMA）が策定した定義は、1940年に定義されたのち、1960年、1985年、2004年、2007年にそれぞれ改定されてきました。最新の2007年の定義は、「マーケティングとは、顧客、依頼人、パートナー、社会全体にとって価値のある提供物を創造・伝達・配達・交換するための活動であり、一連の制度、そしてプロセスである」[1]となっています。

　また、ドラッカー（Drucker, P. F.）は、著書『現代の経営（上)』において、「企業の目的として有効な定義は1つしかない。すなわち、**顧客の創造である**」[2]「企業の目的が顧客の創造であることから、企業には2つの基本的な機能が存在する。すなわち、**マーケティングとイノベーションである**」[3]という非常に有名な文章を残しています。さらに、マーケティングが目指すものは、「顧客を理解し、顧客に製品とサービスを合わせ、自ら売れるようにすることである」[4]と述べています（「イノベーション」に関しては、第7章で詳しく学んでいきます）。

　さらに、マーケティング研究の第一人者であるコトラー（Kotler, P.）は数多くの本で、マーケティングの定義をしていますが、『コトラー、アームストロング、恩藏のマーケティング原理』では、「顧客が求める価値を創造し、顧客と強固な関係を築き、その見返りとして顧客から価値を得るプロセス」[5]と定義しています。

　このように、「マーケティング」はさまざまな定義がなされていますが、「顧客のニーズや価値を生み出す」ための一連の「プロセス・活動」であることが鍵といえそうです。

2 ── ニーズ・ウォンツ・ディマンド

さて、前項で「**ニーズ（Needs）**」という言葉が出てきました。マーケティングだけでなく、ビジネスの現場においても、この「ニーズ」以外に「**ウォンツ（Wants）**」「**ディマンド（Demands）**」といった言葉がよく使われます。

これらに関して、コトラーは次のように区別しています。

ニーズ：欠乏状態
ウォンツ：ニーズを満たす特定のモノがほしい状態
ディマンド：特定製品への購買能力と購買意思

具体例を用いて説明すると次のようになります。

ニーズ：おなかがすいた
ウォンツ：ハンバーガーが食べたい
ディマンド：○○チェーンの△△バーガー（480円）を買おう！

ここで注意しておきたいことは、「ディマンド」に購買能力が含まれている点です。例に挙げた「○○チェーンの△△バーガー（480円）」を買いたいと思っていても、手元に400円しかなければ当然購入できません。よって、「ディマンド」に購買能力が含まれているのです。

また、コトラーは、「顧客のニーズやウォンツを理解することは必ずしも簡単ではなく、ニーズがあっても顧客がそれをはっきり意識していない場合や具体的に表現できない場合、顧客の言葉が何を意味するのかをうまく汲み取らなければならない」と述べています。

先ほどの例のように、「おなかがすいた」というニーズは極めてわかりやすい、顧客本人も認識できるニーズです。このようなニーズを「**顕在的ニーズ**」といいます。これに対し、顧客本人もわかっていない、認識できていないニーズを「**潜在的ニーズ**」といいます。

3 ── 企業のマーケティングに対する考え方の変遷

　一方、企業のマーケティングに対する考え方も、社会構造や環境の変化とともに大きく変わってきました。日本においても、戦後直後からしばらくの間は多くのモノが不足しており、顧客は低価格で入手しやすいものを好みました。よって、企業は、大量生産・大量消費・大量販売によって利益を確保するという「**生産志向**」の考え方を持っていました。その後、モノ不足がある程度解消されると、顧客が品質や性能を基準に購買をする傾向が出てきました。そこで、企業においても「いかに良いモノをつくるか」という「**製品志向**」の考え方が主流となっていきました。しかし、社会が豊かになってくると、顧客の選択の幅が広がり、市場競争は激化します。すると、企業も「自社製品をいかに消費者に売るか、売り方が重要である」という「**販売志向**」の考え方へと変化していきました。さらに、社会が豊かになると、多くの製品市場において、機能や品質面で同様な製品があふれ、飽和状態となり、顧客にとってはどのメーカーの製品を買っても大差がない状態となってしまいます。その結果、企業は過剰在庫を抱えることとなり、顧客は本当に求める製品しか購入しなくなってきました。つまり、企業が「売りたいものを売る」という考え方は根本的に通用しなくなってきたのです。そこで、「**売れるものをいかにつくるか**」という発想で、市場のニーズを発見・創造し、それに見合った製品を提供していこうという「**消費者志向**」の考え方へと大きく変化していったのです。

　このように、今日の企業においては、絶え間なく変化する非常に不確実なものといえる顧客のニーズを明らかにし、あるいは新たな顧客のニーズを創造し、顧客の満足が得られる価値を、持てる経営資源と能力を総動員し生み出すことで、利益を獲得していかなければならないのです。

　そこで、まずは自社を取り巻くさまざまな状況（これを「**外部環境**」といいます）、また、自社そのものの状態（これを「**内部環境**」といいます）について、分析・把握することが重要となります。

2 外部環境・内部環境分析

1 ── 外部環境分析

　「外部環境分析」は、自社を取り巻くさまざまな状況を理解するために行います。自社が置かれている状況が「有利」なのか、「不利」なのかによって、自社がとるべき行動が大きく変わってきます。

　外部環境分析では、「**マクロ環境**」と「**ミクロ環境**」の分析が主となります。

❶ マクロ環境分析

　「マクロ環境」は、企業が直接コントロールすることが不可能な要因であり、企業は一方的にそれらの外部環境にさらされることになります。具体的には、政治・法律・税制などの「**政治的（Political）要因**」、景気動向、経済成長、為替相場などの「**経済的（Economical）要因**」、人口動態、宗教、言語などの「**社会的（Social）要因**」、インフラ、技術水準、技術開発などの「**技術的（Technological）要因**」の4つがあげられます。この4つのマクロ環境を分析することを、それぞれの頭文字を取って「**PEST分析**」といいます。

❷ ミクロ環境分析

　「ミクロ環境」は、企業が多少コントロールできるが思い通りにはできない要因です。また、「ミクロ環境」は大きく「**市場環境**」と「**競合環境**」に分けることができます。「市場環境」は、市場規模・成長性、顧客ニーズ、顧客の消費・購買行動などがあげられます。市場分析の手法には、第3章で扱った「製品ライフサイクル」などがあります。一方、「競合環境」は、各競合の現状シェアとその推移、各競合の採用している戦略やポジション、新規参入や代替品の脅威などがあげられます。競合分析の手法には、業界分析として第4章で扱った「ファイブ・フォース分析」などがあります。

　このように大局的なマクロの視点と、競合や消費者などに視点を絞ったミク

ロの視点の両方で分析することで、「ニーズの把握」と「競合相手の理解」を
することが「外部環境分析」の目的となります。

2 —— 内部環境分析

　これに対して、「内部環境」は、自社が保有する経営資源や能力のことであり、
これらは企業が直接コントロールできる要因です。「内部環境分析」は、自社
の経営資源や能力の有無・程度などを把握し、自社の「強み」と「弱み」を明
らかにします。内部環境分析の手法には、第5章で扱った「VRIOフレームワー
ク」などがあります。
　ちなみに、「ニーズ（Needs）」という言葉に対して、自社が保有している資
産や能力のことをマーケティング用語で「**シーズ（Seeds）**」といいます。「シー
ズ（Seeds）」は「種」を意味しますが、まさに新たな製品やサービス、事業
を生み出す「種」となるものということです。

3 —— SWOT分析

　では、企業は「外部環境分析」と「内部環境分析」によって明らかにした結
果をどのように生かしていけばよいのでしょうか。
　そこで行われる分析が「**SWOT分析**」です。「SWOT分析」とは、「内部環
境分析」で明らかにした自社の「強み：Strengths」「弱み：Weaknesses」と「外
部環境分析」で明らかにした要因のうち、自社の製品や事業に有利な状況をも
たらす「機会：Opportunities」と不利な状況をもたらす「脅威：Threats」、
これら4つを組み合わせて、戦略的課題と今後の方向性を明らかにする方法で
す。
　このように組み合わせて考えることで、企業の内部環境を外部環境にうまく
適合させ、「ニーズ」への対応、そして「競合」への対抗を考えることができ
るのです（表6-1）。

表6−1 SWOT分析表

	自社の強み	自社の弱み
機会	好機において、自社の強みをいかに生かせるか（積極的戦略）	自社の弱みを克服し、機会を生かすにはどうすればよいか（改善戦略）
脅威	自社の強みを生かして、いかに脅威を乗り越えるか（差別化戦略）	厳しい局面において、どのように防御・回避していくか（防御・撤退戦略）

3 事業ドメイン設定とマーケティング活動

1 ── 事業ドメインの設定

　第2章でも学びましたが、企業は自社の経営理念をもとに、ミッション・ビジョンを定めたのち、自社がどのような領域や分野で事業を行っていくかという「事業ドメイン」を設定していきます。これは、それぞれの事業ごとに「どのような顧客（顧客層）」に対し、「どのような機能や価値（顧客機能・価値）」を、「どのような技術・手段で提供するか（代替技術）」という次元で決めていきます。「事業ドメイン」の設定が曖昧であったり、誤った方向へ向かってしまうと、経営資源の無駄遣いや事業・企業の成長の機会を失ったりします。

　この「事業ドメイン」設定の重要性を示したものとして、レビット（Levitt, T.）の「近視眼的マーケティング」があげられます。「近視眼的マーケティング」とは、自社の「事業ドメイン」を狭く解釈・設定した結果、外部環境の変化への対応力を失い、市場機会を逃してしまうことを指します。

　レビットは、1950年代のアメリカにおける鉄道産業や映画産業が急速に衰退していった理由として、この「近視眼的マーケティング」に陥っていた可能性を指摘しています。当時のアメリカの鉄道会社は自社事業を「鉄道事業」として捉えていました。確かに、鉄道を使っているので「鉄道事業」と設定することは間違いとはいえません。しかし、鉄道会社が提供している「機能・価値」で考えると、鉄道会社は鉄道を用いて人や物を「輸送」しているので「輸送事業」といえます。つまり、自社事業を「鉄道事業」と狭く解釈したことで、航

空輸送や自動車輸送などのほかの「輸送業」の発展やそれに伴う変化への対応ができず衰退していったと指摘しています。また、映画会社についても、「映画事業」と狭く解釈したことで、当時急速に普及していた「テレビ」とそれに伴って発展した「テレビ番組」に対して、誤った対応をしてしまい、衰退していったと指摘しています。この事例は1950年代のアメリカですが、指摘されている内容は現代においても該当するので、非常に重要といえます。

このように「事業ドメイン」の設定をしたのち、企業は自らの強みが発揮できる市場を選択することとなります。

2 ── マーケティング活動

❶ 市場細分化（セグメンテーション）

ここからは、企業が「顧客ニーズ」へ対応し、「競合企業」へいかに対抗していくのかについて、より具体的なマーケティングの活動をもとに見ていきます。

すでに説明した通り、そもそも「顧客ニーズ」は非常に不確実なものですが、個人単位で見ていくと、さらに求める機能や価値、特性はさまざまです。

例えば、「自動車がほしい」といっても、「家族で移動するため」という理由もあれば、「モテたい」という理由でほしい場合もあるでしょう。また「家族で移動するため」の自動車では、顧客は「広さ」や「空間の快適さ」を重視しますが、「モテるため」の自動車では、顧客は多少車内が狭くても、自動車の「外観のデザイン」を重視する傾向にあります。

このように、同じ製品やサービスであっても、顧客が求める理由、機能、価値はさまざまであり、「市場」を一括りにすることはできませんし、適切ではありません。しかし、顧客一人ひとりのニーズに対応した異なる製品・サービスを提供すると、コストが膨大となるので、経営資源の効率性や収益性からも適切とはいえません。

よって企業は、「顧客ニーズ」を満たす製品やサービスを適切に提供するために、「市場」を何らかの特性に基づいて細かく分けてグループ化し、顧客ニーズの多様化に対応しつつ、一定の経済効率性を追求することが必要となります。

そして、市場を細かく分けることを「**市場細分化（セグメンテーション）**」といいます。

　セグメンテーションの基準（軸）は、大きく分けて4つあります。1つ目は、年齢・性別・所得・子どもの有無などの「デモグラフィック（人口動態的）変数」です。2つ目は、国・都道府県・都市規模・沿線などの「ジオグラフィック（地理的）変数」です。どちらのデータも「人口統計資料」などで公表されているものが多いので、比較的入手しやすいです。しかし、同時に「競合企業」も採用しやすい軸なので、差を生み出すような結果が出るか否かには注意が必要です。

　3つ目は、心理・価値観・パーソナリティー・ライフスタイルなどの「サイコグラフィック（心理的）変数」です。これは、上記2つの変数とは異なり、データの入手や推計が難しいですが、独自性の高い結果を生み出すことができるといわれています。

　4つ目は、購買状況・購買頻度・購買パターン・重視するベネフィット（便益）などの「ビヘイビアル（行動）変数」です。近年、ICT（Information and Communication Technology：情報通信技術）の発展により、これらのデータを入手しやすくなったことから、「サイコグラフィック（心理的）変数」と同様に重要性が増しています。

　これらの変数(軸)をさまざまに組み合わせて、セグメンテーションを行います。

❷ 標的市場の設定（ターゲティング）

　市場細分化（セグメンテーション）を行ったのちは、その細分化されたグループ（セグメント）を評価しなければなりません。その評価基準として、「測定可能性」「一定規模」「到達可能性」「実行可能性」の4つがあげられます。

　「測定可能性」とは、セグメントの規模や購買力などを測定できることです。測定できなければ、そもそも魅力的な市場であるかという判断ができません。

　「一定規模」とは、セグメントの規模や購買力が自社の採算が取れる規模に達していることです。どれだけ魅力的な市場であっても、企業活動である以上、自社が求める売上や利益を確保できる規模でなければいけません。

　「到達可能性」とは、そのセグメントの顧客に対し、確実にコミュニケーションが取れ、商品[1]を提供できることです。これも、どれだけ魅力的な市場であっても、自社がその市場の顧客との接点がなければ単なる夢物語で終わってしまいます。

　「実行可能性」とは、そのセグメント市場に対し、企業として具体的な戦略を実行するために必要な経営資源等を有していることです。これも、企業として行動するうえで、必要となる経営資源や組織能力等がなければ、夢物語となるだけです。

　これらの基準によってセグメントを評価したのち、どのセグメントを対象とするか、つまり標的とする市場を選択します。この標的市場の選択にかかる意思決定を「**ターゲティング**」といいます。「ターゲティング」の方法としては、①単一のセグメントに集中する方法、②複数のセグメントを選択する方法、③すべてのセグメントをフルカバーする方法があります。どのように選択するかは、企業規模や経営資源の質や量など、さまざまな要因がかかわってきますが、いずれにせよ、自社の強みを十分に発揮できるセグメントを選択しなければなりません。

❸ 自社の位置付けの決定（ポジショニング）

　自社が対象とする市場を決定したのち、今度はその市場における自社商品の優位性や他社との違いを明確にし、市場における位置付けをしていきます。この位置付けをすることを「**ポジショニング**」といい、どのようにポジショニングをするかが企業にとっては非常に重要になります。なぜなら、「ポジショニング」は、企業が対象と見込まれる顧客の意識に対し、自社商品の良さ、他社商品との違いを認識させることで、競合相手や競争が少なくなり、また自社に有利な位置付けとすることができ、大きな収益を上げることができるからです。

　「ポジショニング」の方法としては、商品の機能・性能・価格・便益などさまざまな観点がありますが、満たすべき要件として、自社商品が顧客にとって

---

[1]　本章でいう「商品」とは、「製品」と「サービス」を含めたものをいいます。

なぜ重要であるかという「重要性」、どのような点が独自の特徴であるかという「独自性」、他社商品と比較した際にどのような点で優れているかという「優越性」の3つがあげられます。

そこで、企業はこれらの要件を満たしながら、顧客に自社商品を正しく認識してもらうために、実際に提供する商品においても、ズレがないようにコントロールしなければなりません。もし、実際に提供する商品とズレがあると顧客は混乱し、誤った認識をしてしまいます。

では、企業はどのような観点から、自社が提供する商品に対し、ズレを生み出すことなくコントロールしていくのでしょうか。

4　マーケティング・ミックス

1 ── 4P（製品・価格・流通・プロモーション）

ターゲット市場を定め、その市場に対する自社のポジショニングを決めると、いよいよ実際に商品をどのように提供するかを決めていくことになります。商品の機能・性能、価格、売り方など、決めなければならないことは非常に多くありますが、企業がマーケティングにおける目的・目標を達成するために用いるさまざまなツールの組み合わせを「**マーケティング・ミックス**」といいます。

マッカーシー（McCarthy, E. J.）は、このツールを大きく「**製品：Product**」「**価格：Price**」「**流通：Place**」「**プロモーション：Promotion**」の4つに分類し、「マーケティングの4P」と名付けました。この「マーケティングの4P」は「マーケティング・ミックス」を考えるうえで非常に簡潔でわかりやすいため、現在に至るまで広く定着しています。

❶ 製品：Product

製品（商品）はさまざまな要素によって構成されていることから「便益の束」と呼ばれていますが、価値構造を「**中核となる顧客価値**」「**実態製品**」「**拡張製**

図 6 − 1　製品 3 層モデル

出典：P. コトラー・G. アームストロング、恩藏直人(2014)『コトラー、アームスト
ロング、恩藏のマーケティング原理』丸善出版　p.171

品」の 3 層に分類して整理することができます（図 6 − 1）。

　まず、中心にある「中核となる顧客価値」は「顧客にとっての中核となる価値」を指します。つまり、その製品が満たす顧客の最も基本的なニーズです。例えば、自動車なら「移動・輸送」となります。

　次に、「実態製品」ですが、これは「実際の製品」としての特性を指します。主に、機能や性能といった「品質水準」「デザイン」「パッケージ」「ブランド」などが含まれ、それぞれの「製品」としての特長を生み出す部分といえます。例えば、自動車なら「操作性」「燃費」「本体デザイン」「内装」「車名」などとなります。

　そして、「拡張製品」ですが、これは「中核的価値」には直接的には影響を及ぼさないが、製品の価値を高める要素を指します。主に、「配送」「製品サポート」「品質保証」「アフターサービス」などが含まれます。例えば、自動車なら「自宅に納車してくれる」「カーローンが組める」などです。確かにこれらは「自動車」としての「中核的価値」には影響はないですが、顧客にとっては価値のある要素であり、企業にとっては差別化を生み出すことができるものといえます。

❷ 価格：Price
　商品の価格は、顧客にとっては重要な商品の選択基準ですし、企業にとって

も売上や利益を左右するものであるため、価格設定はマーケティングにおいて最も重要な活動の一つです。価格設定に影響を与える要因としては、コスト、競合や顧客との関係、需要と供給の関係、経済状況、法律や行政の影響など、多岐にわたります。

　また、価格の設定に際し、顧客の「**支払意思額（WTP：Willingness to pay）**」との関係も重要となります。「WTP」は商品に対して「この金額までなら払える」と感じる金額のことであり、顧客それぞれが異なる基準を持っています。そして、「顧客の「WTP」＞商品価格」ならば顧客は満足を感じ、その差が大きければ大きいほど、得られる満足度は高くなります。例えば、ある顧客の「WTP」が250円で商品価格が200円であるとします。この場合、この顧客は250円払ってでもほしかったものを200円で購入できたわけですから、50円分得をしたと感じます。しかし、企業からすると、損をしたともいえます。なぜなら、「顧客の「WTP」＞商品価格」ということは、もう少し高い価格であっても、顧客は買ってくれるはずです。つまり、企業は得られたはずの利益を逃してしまったと考えられるのです。もちろん、先に述べた通り、同じ商品であってもそれぞれの顧客の「WTP」は異なります。また、顧客が置かれている状況においても「WTP」は変化します。だからこそ、企業は価格設定に関しては、非常に慎重に決めなければならないのと同時に、状況を見極めて、適切に価格の変更も行わなければならないのです。

❸ 流通：Place

　どれだけ素晴らしい商品であっても、顧客と商品との接点がなかったり、商品が顧客の手元に届かなかったりすれば、そもそも顧客は購入することができません。みなさんが生活していて、当たり前のように商品を購入できるのは、企業が「**流通チャネル（流通経路）**」を構築しているからです。

　多くの場合、商品を流通させるには、単独企業で行うことは難しく、「**卸売業者**」や「**小売業者**」などと呼ばれる存在の協力が必要不可欠です。卸売業者は、商品を業者に卸すことで利益を得るのに対し、小売業者は、商品を消費者に販売することで利益を得ます。小売業者はスーパーや百貨店、家電量販店な

ど、みなさんの生活においても身近な存在です。

　また企業は、商品の特徴を考慮しながら、これらの存在をうまく組み合わせて市場に商品を供給しなければなりません。例えば、自動車がコンビニで売られているところを見たことはあるでしょうか。おそらくないと思います。確かに、コンビニで自動車を販売すれば、顧客との接点は明らかに増えるでしょう。しかし、そもそも、コンビニで売られている商品と比較して明らかに価格が高いですし、顧客も自動車を購入するに際してさまざまな説明を受けたいと考えれば、コンビニでの販売は明らかに適していません。これは極端な例ですが、製品の特性を考慮して、意図的に顧客との接点を制限することで、むしろ商品価値を維持、あるいは高めることとなります。よって、上記の製品や価格と流通チャネルの選択は密接に関係しているといえます。

❹ プロモーション：Promotion

　どれだけ素晴らしい商品であっても、その存在を顧客が知らなければ、そもそも購入対象にすら入りません。また、企業側は素晴らしいと思っていても、商品の素晴らしさが顧客に正しく伝わらなければ、これも意味がありません。

　このように、企業が直接的あるいは間接的に商品に関する情報を顧客に発信し、顧客の購買意欲を喚起するための方法・活動の総称を「プロモーション：販売促進活動」といいます。

　プロモーションの代表的手段としては、「広告活動」「パブリシティ」「人的販売」「セールス・プロモーション」などがあり、これらを組み合わせて展開していきます。

　「広告活動」は、企業が広告主となってお金を出し、さまざまな広告媒体を通じてメッセージを発信・伝達する活動です。広告の主な目的は、商品・ブランドあるいは企業そのものの知名度アップやイメージ形成です。また、広告媒体としては、マスコミ四媒体といわれる、新聞・雑誌・テレビ・ラジオのほかに、近年急速に存在感が増しているインターネット、看板やチラシなどさまざまです。よって、投下コストと期待する広告効果を考慮して、使用する媒体を選択していくことになります。

　「パブリシティ」は、企業がマスメディアなどに情報を提供し、取り上げてもらうことで情報発信を行う活動です。プレスリリースやインタビューなどが該当します。「広告」とは異なり、企業は基本的にはお金は出さず、発信主体もマスメディア側であるため、情報の信頼性も上がるとされています。

　「人的販売」とは、営業担当者や販売員が、顧客と直接コミュニケーションを取りながら情報を発信・提供し、購買にまでつなげていく活動です。コストは多くかかりますが、顧客と双方向のコミュニケーションを取ることで、商品の良さや使用シーンなどを顧客にイメージさせやすいため、購買に直結することも多く、また、顧客の不満や要望を直接聞くことができる点でも重要です。

　「セールス・プロモーション」は、キャンペーンやイベントなどを通じて、顧客の購買意欲を高める活動です。

　このほかにも、消費者間の評価としての「クチコミ」やSNSにおけるプロモーション活動として「インフルエンサー・マーケティング」なども注目されており、これらのプロモーションをうまく組み合わせて活用しながら顧客に対し的確な情報を提供し、自社商品の優位性を認識してもらうことが重要です。

２ ── ４Ｐと４Ｃ

　ここまで４Ｐについて説明してきましたが、これらはそれぞれ単独に考えるものではありません。自社のポジショニングと一致していなければなりませんし、４Ｐ同士も相互に影響を及ぼします。

　また、この４Ｐは企業側から見たマーケティング・ミックスを表したものといえます。これに対し、顧客側から見たマーケティング・ミックスを表したものとして、ローターボーン（Lauterborn, R. F.）が提唱した「**４Ｃ**」があります。これは、４Ｐを顧客側から再定義したものですが、４Ｐの「製品」「価格」「流通」「プロモーション」はそれぞれ、「**価値：Customer Value**」「**コスト：Cost**」「**利便性：Convenience**」「**コミュニケーション：Communication**」に該当します。この「４Ｐ」と「４Ｃ」は対立する概念ではなく、各要素間で矛盾がないか双方の視点で確認するために重要とされています。

ブランドとは

　「シャネル」「コカ・コーラ」「SONY」「SEIKO」「あまおう」など、私たちの生活は、「ブランド」であふれかえっています。それでは、「ブランド」とは何でしょうか。『ゼミナール マーケティング入門（第2版）』では、「製品・サービスを特徴づけるために付与される名前やマークなどの総称」[6]と簡潔に定義しています。また、『コトラー、アームストロング、恩藏のマーケティング理論』では、「製品やサービスの製造者や販売者を特定するためのネーム、シンボル、デザインなどを組み合わせたもの」[7]としています。ほかにもさまざまな定義がありますが、「ブランド」の目的は「自社の製品・サービスと他社のそれとを識別させるもの」といえます。

　では、なぜ企業にとって「ブランド」が重要なのでしょうか。先の『ゼミナール マーケティング入門（第2版）』では、「優れたブランドが、事業の収益性や成長性を高めるから」[8]としています。具体的には、「価格プレミアム効果」と「ロイヤルティー効果」として現れるとしています。「価格プレミアム効果」とは、「他社の同等の製品・サービスよりも高価格で自社の製品・サービスを販売できる」効果です。また、「ロイヤルティー効果」とは、「顧客が自社の製品・サービスを繰り返し購買するようになる」効果です。さらに、優れたブランドは、プロモーション活動の支援や流通業者の協力の獲得、「ブランド拡張」や「ライセンス供与」といったブランドに基づいた新たな収益源となるとしています。

　いずれにせよ、今日の企業経営において「ブランド」の重要性が増しているなかで、片平秀貴は、「刻一刻と変化する社会に対応して、その先にどんな自分たちがあるのかを、遅滞なくダイナミックに描き切る能力が経営者に求められる」[9]とし、「そうやって描かれた世界は、経営者本人の強靭な意志、不断の発信、時間的蓄積等々があいまって初めて皆に共有されるものとなる」[10]としています。さらに、卓越したブランドをもつ経営者のインタビューを通じて、「ブランドを語ることが、実は企業のあり方自体を語ることであり、さらには企業と社会の関わり方を語ることにもなる」[11]としています。このように、「ブランド」は単に製品・サービスレベルだけでなく、経営者や企業全体レベルに関わる重要な意味があるといえます。

演習問題

①三大コンビニエンスストアチェーン（セブン-イレブン・ローソン・ファミリーマート）のなかから1社選び、他の2社に対して、それぞれ「SWOT分析」をしてみましょう。

②優れた広告として評価されたものをいくつか比較して、「優れた広告」とは何か、について考えてみましょう。

③「クチコミ」や「レビュー」のメリットと注意点について、消費者と企業、それぞれの立場から考えてみましょう。

★さらなる学びのためのブックガイド★

●石井淳蔵・嶋口充輝・栗木契・余田拓郎(2013)『ゼミナール マーケティング入門（第2版）』日本経済新聞出版社

450ページを超える本ですが、「マーケティング」について体系的に学べる名著です。全体を通じて「マーケティング・マネジメント」の観点から書かれているのが特徴です。

●遠藤結万(2018)『世界基準で学べる エッセンシャル・デジタルマーケティング』技術評論社

「デジタル・マーケティングとは何か」から始まり、デジタル・マーケティングに関して網羅的に説明がなされています。マーケターを希望する方はもちろん、将来起業したい方にもぜひ読んでほしい1冊です。

●森岡毅(2016)『USJを劇的に変えた、たった1つの考え方―成功を引き寄せるマーケティング入門―』KADOKAWA

P&GやUSJでマーケターとして働いてこられた著者の豊富な経験のもと、マーケティングに関する考え方が論理的で端的にまとめられています。著者の仕事や人生に対する想いが詰まった1冊です。

●『何度も読みたい広告コピー』(2011)パイインターナショナル

新聞・雑誌・ポスターなどの広告で商品の機能やコンセプトを伝える文章のことを「ボディコピー」といいます。この本では、100を超える優れたボディコピーが紹介されているのですが、おもしろいのは、各作品に対し、担当コピーライターの方の「ボディコピーの考え方」が書かれている点です。広告に興味がある方はぜひ読んでみてください。

●片平秀貴(1999)『新版 パワー・ブランドの本質―企業とステークホルダーを結合させる「第五の経営資源」―』ダイヤモンド社

日本のブランド研究における第一人者の著書です。有名ブランドの事例が数多く用いられているので、非常にわかりやすく、「ブランド」の本質を突いた名著です。マーケターを目指す方だけでなく、起業を考えている方にも是非読んでほしい1冊です。

Business
Administration

第7章
イノベーション

●本章の概要

　近年、新聞やビジネス書、講演などのなかで「先行きが見えない経営環境において、企業が継続的に成長していくためにはイノベーションを遂行していくことが不可欠である」といったようなフレーズを目にする機会が増えてきたのではないでしょうか？企業経営や国の政策においても、イノベーションほど重要な課題は少ないと言っても過言ではないでしょう。

　それでは、イノベーションとは、一体何なのでしょうか？　どのようにイノベーションを実現していけばよいのでしょうか？

　本章では、イノベーションを理解するために必要な考え方について学んでいきます。まず、イノベーションという現象を捉えるために、第1節では、イノベーションの定義、性質について検討し、第2節では、代表的な分類方法を紹介します。最後に第3節でイノベーションが生み出されるメカニズムについて、SECI モデルに基づきながら説明していきます。

●キーワード

- □ 新結合
- □ イノベーションのプロセス
- □ 製品 / 工程イノベーション
- □ 急進的 / 漸進的イノベーション
- □ 持続的 / 破壊的イノベーション
- □ イノベーターのジレンマ
- □ 形式知
- □ 暗黙知
- □ SECI モデル

1 イノベーションとは ─────────────●

1 ── イノベーションの定義

❶ イノベーションのイメージ

　まず、「**イノベーション**」（innovation）という概念の大まかなイメージをつかんでいきましょう。みなさんは、イノベーションと聞いて何を思い浮かべるでしょうか。ある人はスマートフォンやオンラインショッピングのような画期的な新製品・サービスを思い浮かべるかもしれません。あるいはIPS細胞や青色発光ダイオードなどのノーベル賞級の技術開発を思い浮かべるかもしれません。本来、イノベーションという言葉は、ラテン語の "innovare" に由来しており、「何かを新しくする」という意味を持っています。その意味では、前述の例はイノベーションといえるでしょう。

　しかし、「新しくする」対象は製品・サービス、技術自体に限定されません。例えば、新しい生産方法、流通チャネルあるいはビジネスシステム（第5章参照）の創出もイノベーションの範疇です。さらに、イノベーションに含まれる「新しさ」の程度もさまざまです。これまで存在しなかった新製品・サービスの開発から、既存製品・サービスの機能・品質改善まで、社会に与えるインパクトの違いはあれ、すべてがイノベーションなのです。

　以上のように、イノベーションという概念には「新しさ」という意味が含まれ、その対象や程度は多岐にわたるということを頭に入れたうえで、以下ではイノベーションの代表的な定義や性質を説明することにしたいと思います。

❷ イノベーションは組み合わせ

　イノベーションの定義について語るうえでよく引用されるのがシュンペーター（Schumpeter, J. A.）（シュムペーターとも表記される）の「**新結合**」（new combination）という考え方です。彼は、著書『経済発展の理論（第2版）』のなかで、イノベーションとは、「既に存在している知識や物、力の新しい組み

合わせ、すなわち新結合である」[1] と定義しました。言われてみればこれは当たり前のことですが、人間は、まったく知識を持たない状態から何か新しいものを生み出すことはできません。例えば、新しいジャンルを確立したといわれるような画家やミュージシャンであっても、何かしら先人の影響を受けているものです。みなさん自身も、生活やビジネスの場において、新しいアイディアを考えるときに、過去に採用された案や方法を参考にすることは多いのではないでしょうか。

　シュンペーターは、新結合の定義をより具体的にわかりやすくするために、以下の5項目に分類しています。

```
①新しい製品の開発
②新しい生産方法の導入
③新しい市場の開拓
④新しい原材料、あるいは供給源の獲得
⑤新しい産業構造の実現
```

　このように、シュンペーターがイノベーションとして想定していたものが製品・サービス自体に限定されないことがわかると思います。さらに、彼は、この5つの新しい組み合わせもイノベーションとして捉えていました。

　筆者が思いあたる新結合の事例は回転寿司です。今や日本全国で見ることのできる回転寿司店ですが、そのルーツは1958（昭和33）年に大阪府東大阪市にオープンした元禄産業株式会社の「廻る元禄寿司1号店」でした。回転寿司店では、寿司をベルトコンベアによって顧客の手元まで運ぶ必要があります。同社で使用された「コンベア旋回式食事台」は、ビール工場の製造に使用されているベルトコンベアからヒントを得ることによって開発されました。回転寿司の登場により、高級食の代名詞であった寿司は、大衆に浸透し、海外市場にまで広がりを見せています。すなわち寿司とビール生産技術というまったく異なる製品や技術が組み合わさることで、回転寿司というイノベーションが誕生したのです。

2 —— イノベーションの性質

❶ イノベーションのプロセス

　先述した通り、イノベーションという現象は、製品・サービスの開発に限定されません。むしろ、これらはイノベーションのスタートあるいは途中の段階にすぎません。先ほどの元禄産業が偉大なのは回転寿司を発明したからではなく、事業化して回転寿司を日本全国に普及させたからです。このことから、イノベーションを達成させるということは、製品・サービスを生み出すだけではなく、事業化して、その市場を開拓・拡大し、安定的な収益を確保することも含まれているということになります。

　したがって、イノベーションについて考えていくためには、イノベーションがどのように発生し、どのような段階を経て、経済的な利益獲得に結び付いていくのかというプロセスと、その性質や各プロセス上における困難を知っておく必要があります。

　近能義範と高井文子は、イノベーションのプロセスを、「研究・技術開発活動」「製品開発活動」「事業化活動」という3つのフェーズで概念化しています[2]。研究・技術開発活動とは、新製品の根幹となる重要な要素技術を生み出す活動です。製品開発活動とは、市場で販売するための具体的な新製品をつくり出す活動です。事業化活動とは、新製品を市場に投入し、その市場を開拓・拡大し、経済的な収益を安定的に確保するための仕組みを構築していく活動です。これらの活動をうまく達成することにより、企業は安定的な収益を上げることが可能になります。しかし、このプロセスは単純化されたものであり、通常、各段階は反復的かつ同時並行的に進行していくことになります。以下では、このイノベーションのプロセスにおいてどのような困難が立ちはだかるのか見ていくことにしましょう。

❷ イノベーションの困難性

　イノベーションの各プロセスにおいて共通することは、常に高い不確実性を伴うということです。工場の作業員が一生懸命作業をすれば、一定の生産量を

得られることをかなりの高確率で事前に予測することは可能でしょう。しかし、イノベーションでは、こうした事前の予測が成り立つことはほとんどありません。革新的な新技術が生まれ、それが製品・サービスに結び付き、市場に受け入れられるまでの道のりは長く、その途中には図7－1のように大きく分けて3つの関門が待ち構えています。

　まず、革新的な新技術の創出から製品開発に移行するためには、「**魔の川**」を越えなければなりません。この段階では、投資に見合った新技術を創出できるのか、新技術は事業性についての高い評価を得られるのかという問題に直面します。

　製品開発から事業化へ進むための課題は、「**死の谷**」と呼ばれています。この段階では、開発期限や予算制約のなかで、目標の性能や品質、コストを達成できるのか、あるいは製品化を実現しても量産化は可能なのかという問題が浮上してきます。

　事業化を達成し、経済的な利益を獲得するためには、「**ダーウィンの海**」と呼ばれる障壁を突破しなければなりません。この段階では、次々と参入してくる競合企業との厳しい競争にいかに勝ち残っていくかということが重要な課題となります。

　これらの問題に対処する際には、競争戦略（第4章参照）、ビジネスシステム（第5章参照）、マーケティング（第6章参照）の考え方が有用です。

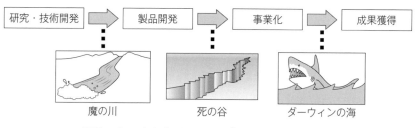

| 研究・技術開発 | → | 製品開発 | → | 事業化 | → | 成果獲得 |

| 魔の川 | 死の谷 | ダーウィンの海 |

図7－1　イノベーション・プロセスと3つの関門

出典：近能義範・高井文子(2010)『コア・テキスト　イノベーション・マネジメント』新世社　p.23をもとに筆者作成

2　イノベーションの分類

1 ── イノベーションが発生する領域による分類

　ここまで示してきたイノベーションの定義は、さまざまな現象を含んでいます。しかし、イノベーションは、いくつかの視点から分類することが可能です。ここでは、その代表的な分類方法を紹介していきます。

　まず、イノベーションが発生する領域に応じて、「**製品イノベーション**」と「**工程イノベーション**」に分類する考え方があります。

　製品イノベーションとは、革新的な新製品・サービスを投入することです。また、既存製品・サービスの性能・品質を向上させることも、ここに含まれます。これに対して、工程イノベーションとは、同一の製品・サービスをより少ないコストで提供することです。アバナシー（Abernathy, W. J.）とアッターバック（Utterback, J. M.）は、これらの概念を用いてイノベーションの発生パターンを図7－2のように説明しています。

　産業の初期段階では、次々と企業が参入し、製品イノベーションが頻発しま

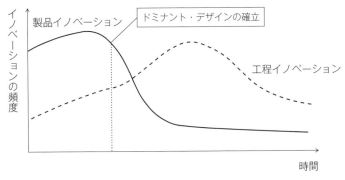

図7－2　イノベーションの発生パターン

出典：Abernathy, W. J. & Utterback, J. M.(1978)Patterns of industrial innovation,
Technology Review, 80 (7), p. 2 をもとに筆者作成

す。しかし、一度、製品が備えるべき機能が決まり、ドミナント・デザイン（支配的な製品仕様）が定まると、製品の評価基準は性能から価格へ移行するため、製品イノベーションは停滞し、コストダウンを目的とした工程イノベーションが促進されます。この段階では、巨額な設備投資が行われ、大量生産システムが確立されます。

　一度、大量生産システムが確立されると、生産性を向上させるためには、同じ製品を同じ方法でつくり続ける必要があります。したがって、生産性向上と矛盾する製品イノベーションと工程イノベーションは共に停滞していくことになります。アバナシーはこの現象のことを「**生産性のジレンマ**」と呼びました。

2 —— イノベーションの程度による分類

　次に、イノベーションの程度、あるいは利用する技術が既存のものと同じか異なるかという点に着目して、「**急進的イノベーション**」と「**漸進的イノベーション**」に分類する考え方があります。前者はイノベーションの変化が大きく、後者はそれが小さいものとなります。例えば、馬車が担ってきた移動手段を自動車が完全に代替するようなケースは急進的イノベーションといえるでしょう。一方、自動車の燃費が2km/ℓ向上するようなケースは漸進的イノベーションと捉えることができるでしょう。

　しかし、2km/ℓの燃費向上が画期的な自動車工学上の発見によるものであれば、それは技術的には急進的と捉えることも可能です。このように現実のイノベーションには、急進的・漸進的という両要素が混在しているといえます。それでも急進的・漸進的と区別するならば誰にとって急進的なのか、あるいは漸進的なのかという視点を持つことが重要です。2km/ℓの燃費向上は、自動車メーカーにとっては急進的であっても、消費者にとっては漸進的なものかもしれません。このように、どのような問題に着目するかによって、有用な分類方法が変わってくるといえます。

3 ── 市場の不確実性の程度による分類

　最後に、イノベーションに対する市場の不確実性の程度に着目した分類方法を紹介します。まず、ある市場において顧客が確実に求めている製品の性能を引き上げるイノベーションを「**持続的イノベーション**」と呼びます。この概念は、イノベーションの程度とは直接的な関連性を持ちません。イノベーションの程度がいかに大きくても、それが顧客に求められていることが確実であるならば、それは持続的イノベーションとして分類されます。一方、現時点では顧客に評価されていないものの、従来とはまったく異なる価値を提供するイノベーションを「**破壊的イノベーション**」と呼びます。

　破壊的イノベーションは、しばしば新興企業から発生し、短期的には顧客が確実に求めている製品の性能を引き下げるという特徴を持っています。それゆえに、既存の顧客はそのような製品をほしがりません。しかし、破壊的イノベーションは、新規の顧客から評価されるという特徴を持っており、将来的には十分に競争力を持つ可能性を秘めています。ただし、それは現時点では確実性を持って予測することはできないので、既存の優良企業は破壊的イノベーションに対して積極的に投資を行わず、既存顧客の声を聞き持続的イノベーションに対する投資を継続します。一方、破壊的イノベーションを携えた新興企業も主要顧客が求めている性能面で既存企業に追いつきはじめると、やがて既存企業のシェアを侵食するようになります。そしてついには、既存企業は市場からの退出を迫られることになります。これが、クリステンセン（Christensen, C. M.）が唱えた有名な「**イノベーターのジレンマ**」という現象です。

3 イノベーションを生み出すメカニズム ──●

1 ── 形式知と暗黙知

　第1節で述べたようにイノベーションとは新結合、すなわち既存の異なる知

識や物、力を組み合わせることでした。ここからは、「知識」の組み合わせに議論を絞り、イノベーションをもたらす知識創造のメカニズムについて、野中郁次郎らが提唱した「**SECI（セキ）モデル**」（図7－3）に基づきながら説明したいと思います。まず、SECIモデルの基礎となっている「**形式知**」と「**暗黙知**」について確認しておきましょう。形式知と暗黙知は、ハンガリー出身の科学者ポランニー（Polanyi, M.）によって提唱された概念です。

　形式知とは、言語や記号によって他人に伝達できる知識のことです。形式知には、マニュアルなど書物や文書で伝えられるもの、数式、図表などが含まれます。一方、暗黙知とは、個人が経験や五感を通じて修得し、言葉や記号などで表現することが難しい知識です。

　暗黙知には2つの側面があります。1つは技術的な側面であり、言葉で示すことが難しい技能や技巧が含まれます。例えば、野球における一流のバッターは、優れたバッティングフォームや選球眼を備えています。しかし、彼ら自身が持っている知識の背後にある原理原則をはっきり説明できないことはめずらしくありません。同時に、暗黙知には認知的な側面があります。これに含まれるものは、思いや知覚などと呼ばれるもので、これらは無意識のなかに隠れており、ほとんど表に出てきません。

　このように形式知と暗黙知は異なる性質を持っていますが、両者は完全に独

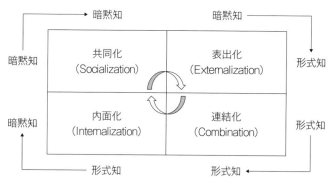

図7－3　知識創造のプロセス―SECIモデル―

出典：野中郁次郎・竹内弘高(梅本勝博訳)(1996)『知識創造企業』東洋経済新報社　p.93をもとに筆者作成

立したものではなく、相互に作用するものであると考えられています。人は経験を通じて暗黙知を修得し、それを他人に伝えるために形式知に変換します。あるいは、さまざまな形式知にふれることにより新しい暗黙知を個人が獲得することもあります。野中は、このような暗黙知と形式知の相互変換によって新しい知識が創出されると主張しました。このプロセスを概念化したものがSECIモデルです。

2 ── SECIモデル

❶ 4つの知識変換モード

　SECIモデルにおける知識創造のプロセスは、図7-3のように、以下の4つの知識変換モードから構成されます。SECIとは、この4つの英単語の頭文字をとったものです。

> ① 「**共同化**」（Socialization）：暗黙知→暗黙知（知識移転）
> ② 「**表出化**」（Externalization）：暗黙知→形式知（共有化）
> ③ 「**連結化**」（Combination）：形式知→新たな形式知（知識創造）
> ④ 「**内面化**」（Internalization）：形式知→新たな暗黙知

　「**共同化**」とは、対面のコミュニケーションや経験の共有を通じて、暗黙知を共有、獲得、増幅するプロセスです。例えば、職人の弟子が師匠の技を観察・模倣することによって学ぶプロセスや、企業におけるOJT（On the Job Training）[1]、個人のイメージや思いの共有などがあげられます。

　「**表出化**」とは、個人の暗黙知をグループにおける討議や対話を通じて、形式知に変換していくプロセスです。ここでは、個人のイメージや思いを言語や図表に表すことも含まれます。

　「**連結化**」とは、組織全体で集められた形式知を整理・分類して組み合わせ

---

[1]　実際の業務を通じて、業務遂行に必要な知識・能力・技術などを習得させる人材育成の手法をいいます。

ることによって新たな形式知をつくり出すプロセスです。このプロセスでは、知識が体系的にまとめられ、具体的な製品・サービスそのものに落とし込まれていきます。

「**内面化**」とは、書類、マニュアル、物語など言語化・図式化されたものを通じて、形式知を暗黙知として自分自身の内面に取り入れることです。このプロセスで重要なことは、実際に行動し、実践することです。例えば、レシピ本をいくら読んでも料理はうまくなりません。何度も料理をつくってみて、レシピでは伝わらない暗黙知を体得することが必要です。

このようにSECIモデルでは、知識創造を「共同化→表出化→連結化→内面化→さらなる共同化」という絶え間なく循環するプロセスとして示しています。以下では、暗黙知と形式知の相互作用による知識創造の事例を紹介しましょう。

❷ 「バルミューダ ザ・トースター」の開発事例

オーブントースター市場はすでに成熟しており、1台数千円で購入可能なのですが、「バルミューダ ザ・トースター」は、2万2,900円（税別）という高価格にもかかわらず、2015（平成27）年6月の発売から1年間で10万台以上を売り上げました。同機の特徴は、スチーム加熱と高精度な温度制御を用いた自動トーストモードで誰でも焼きたてのような味を再現できることです。

トースター開発の原点は、バルミューダ社長の寺尾玄氏が10代のころに旅先のスペインで食べたパンの味への感動にあります。2014（平成26）年春、寺尾氏は、この味を再現できるトースター開発を発案しました。当初、社内では当惑の声があがったのですが、同年5月に開催したバーベキュー大会をきっかけに社内の意識は大きく変わりました。当日は、あいにくの大雨だったのですが、炭火で焼いた食パンが大変おいしく、この味を再現できればバルミューダのトースターができると社員全員が納得しました。社員同士の経験を通じて、暗黙知である寺尾氏の思いが共有された瞬間でした。

バーベキュー大会の翌日から、バーベキュートーストの再現実験が開始されましたが、なかなかうまく再現できません。試行錯誤のなか、開発チームのメンバーがバーベキューの日は雨が降っていたことを思い出し、水分に着目しま

す。さらに、パン屋の厨房では温度制御が可能な電気スチームオーブンが使用されている事実にたどり着きます。

しかし、この段階ではどのような条件でパンがおいしく焼けるかわかりません。そこで、開発チームは、庫内温度、焼き時間、庫内の広さなど、さまざまな条件の組み合わせを変えながら、焼き方の最適解を探りました。結果、温度を徐々に上げていき、160度の中温でじっくり焼き、最後に220度の高温で仕上げることが最適であると判明します。

一方、デザインの考案では「おいしそうなものが出てくる形」というコンセプトを開発チームで共有し、ジブリ映画「魔女の宅急便」に出てくる古い石窯の形をトースターのデザインに反映しました。

このように、「パンの焼き方」や「おいしそうなものが出てくる形」という暗黙知が「数値」や「石窯のイメージ」で把握できる形式知に変換され、製品の基本的なコンセプトが創造されます。

パンを焼く最適な温度がわかると、次はパンの種類・枚数・厚さ、余熱の有無、電圧などの条件が変化しても、安定しておいしく焼くための実験が繰り返されました。実験では、1回1回文字や写真による詳細なデータが集められました。合計1,000時間にも及ぶ焼き上げ実験の末、同社はついに製品化にこぎつけます。

「バルミューダ ザ・トースター」の開発は、旅先のスペインや社内のバーベキュー大会で口にしたパンへの感動体験をトースターという製品に変換するプロセスであったと解釈できます。体験の価値を自分たちなりの企画に落とし込んでいくという一連のプロセスは、実験データの収集、製品化という行動・経験を通じて、寺尾氏と開発メンバーに深く浸透し、彼ら自身の暗黙知を豊かにしたのではないでしょうか。そして、彼らに宿った暗黙知は、再び創造的な製品開発を喚起するに違いありません。

❸ イノベーションを創出するために

ここまで、SECIモデルやその事例をもとに、イノベーションをもたらす知識創造のメカニズムについて説明してきました。創造的なイノベーションを実

現するためには、他社からは見えない暗黙知を形式知に変換する「表出化」の
プロセスが重要です。これを促進するためには、組織メンバー間の討議や対話
が欠かせません。しかし、これは、単に話せばよいという意味ではなく、バル
ミューダの事例にもあったように、さまざまな条件を変更した試行錯誤や比喩
や類推を効果的に用いることが必要です。さらに、継続的にイノベーションを
実現していくためには、これまでの製品開発で培った経験を組織メンバーに深
く浸透させる「内面化」が求められます。これには、積極的な行動・実践を伴っ
た組織の学習が欠かせません。

イノベーションと両利きの経営

　本章では、イノベーションとは「**新結合**」であると学びました。イノベーションを実現させるためには、既存の知識や物、力を別の既存の何かと組み合わせる必要があります。しかしながら、認知心理学の研究では、人間や組織の認知には限界があると主張されており、企業は、イノベーションに取り組むとき、いま認知できている知識同士だけを組み合わせる傾向があります。これを経営学では「**知の近視眼化**」（myopia）と呼びます。

　したがって、ある程度時間が立つと、認知できている知識や物、力でできる組み合わせが尽きてしまいイノベーションが生まれなくなってしまいます。そこで企業は、既存の認知の範囲を超えて、知識や選択肢を広げていく必要があります。この行為を「**探索**」（exploration）と呼びます。この探索を通じて生まれた新しい組み合わせこそがイノベーションの源泉となるのです。

　一方、探索を通じて生まれた新しい組み合わせがビジネスになるかもしれないとわかれば、それを深堀りして、何度も活用していく必要があります。これを「**活用**」（exploitation）（深化、深耕とも訳されます）と呼びます。

　経営学の研究では、探索と活用の両者を高いレベルで行う「**両利きの経営**」（Ambidexterity）が行えている企業ほど業績が良くなる傾向が示されています。

　しかし、現実の企業経営において探索は、コストがかかるわりに成果の不確実性が高いため、不確実性が低く、コストの小さい活用に資源が配分されがちです。しかし、活用への傾斜は、探索を損なわせ、中長期的にみると企業はイノベーションの源泉を失うことになります。オライリー（O' Reilly, C. A.）とタッシュマン（Tushman, M. L.）は、この問題を克服し、両利きの経営を実現するためには、異なる戦略、組織構造等を並行稼働できる「**両利きのリーダー**」の存在が鍵になると論じています。

　両利きのリーダーに関する研究では、シニアマネジャー、ミドルマネジャーに関わらず、リーダーの両利き性を高めるためには、意思決定権の移譲、部門横断的な経験、組織内での豊富な人脈が重要であると明らかにされています。

演習問題

①みなさんが興味を持っているイノベーションの事例を1つあげ、どのような新結合がなされているのか考えてみましょう。

②破壊的イノベーションの事例をあげ、それは既存企業にどのような影響を与えたのか調べてみましょう。

③イノベーションを実現する組織や個人の特徴を考えられる限りあげてみましょう。

★さらなる学びのためのブックガイド★

●入山章栄 (2012)『世界の経営学者はいま何を考えているのか―知られざるビジネスの知のフロンティア―』英治出版

経営学の教科書にはあまり書かれていない、先端的な学術研究のエッセンスを平易な文章で読むことができる画期的な書物です。イノベーション、経営戦略、国際経営などのトピックスを紹介しています。

●近能義範・高井文子 (2010)『コア・テキスト　イノベーション・マネジメント』新世社

製造業におけるイノベーション・マネジメントについて体系的にまとめられた書籍です。各章とも非常に丁寧な記述がなされており、腰を据えてロジックを追いながら読んでほしい一冊です。

●野中郁次郎・竹内弘高 (梅本勝博訳) (1996)『知識創造企業』東洋経済新報社

野中郁次郎の研究の成果を実務家にも伝わるようにまとめられた古典的名著です。SECIモデルについて豊富な事例を交えながら、より詳しく記述されています。是非、一読してみてください。

Business
Administration

第 8 章
組織形態

第8章

●本章の概要

　本章のねらいは企業の組織形態を理解することです。他者との支え合いで成り立つ組織は、私たちが社会生活を送るうえで不可欠です。みなさんも組織のなかで、周囲の温かみや厳しさにふれたことがあると思います。

　ただ、実務経験がない方にとって、企業の組織を理解するのは容易ではありません。そこでまず、組織形態の基本形を覚え、各々の長所と短所を押さえましょう。具体例を交えた解説のなかで、みなさんが「なぜこういう長所（短所）があるのか」を理解しやすくなるよう構成しています。

　次に、チャンドラーとアンゾフの業績から、経営戦略と組織の関係性を探ります。経営史を振り返ったときに、戦略が組織を決めてきたのでしょうか？　あるいは組織が戦略を決めてきたのでしょうか？　その問いに答えます。

　組織は感情を持つ個人の集合体です。机上の組織図を眺めるだけでは、内部の息遣いは伝わってきません。第9章の学びと合わせて経営組織への関心を高め、深い考察へと発展させましょう。

●キーワード

☐ 分業と調整
☐ ライン権限
☐ スタッフ権限
☐ ライン・アンド・スタッフ組織
☐ 機能別組織
☐ 事業部制組織
☐ マトリックス組織
☐ チャンドラー命題とアンゾフ命題

1　組織形態とは ───────────────●

1 ── 組織形態の定義

　目的を共有する個人が集まり共に活動すれば、**組織**が生まれます。一人の人間の力は微々たるものですが、組織ならば個人では到底成し遂げられないことを実現できます。新国立競技場も、組織の力なくしては完成を見なかったでしょう。反対に、会社ぐるみの隠蔽、ハラスメントといった組織内の過ちが明るみに出れば、その社会的信用が失墜するのは知っての通りです。

　組織では、周りの熟達者があなたの力の及ばないところに手を差し伸べてくれます。同じように、あなたを頼りにしているメンバーもいるはずです。また、組織は個人の心の持ちようにも作用します。「チーム内がぎくしゃくしている」とか、「働きぶりが認められてうれしい」などの感情は、みなさんが組織のほかの構成員と関わるからこそ生まれます。

　序章のコラムで述べられた通り、経営学と組織は不可分です。本書では、本章と第9章の2つの章で組織について解説します。そのうち本章では、企業の**組織形態**を扱います。

　初めに、組織形態と次章で学ぶ**組織構造**の定義を明らかにしておきましょう。組織構造とは、組織のなかでどのような**分業**を行うか、分業した仕事をどのように**調整**するかについて大まかな枠組みを決めたものです。伊丹敬之と加護野忠男は、組織構造を組織の骨組みにたとえます[1]。同時に、組織構造だけですべての仕事の分業と調整は決まらないと言います。すると、部署を分ける基準や分けた部署をどういった関係で結合するかを検討し、より細かく分業・調整を定める必要がありそうです。これらの点を詰め、組織の形を類型化したものを本書では組織形態と定義します。

2 ── 分業と調整

　次に、分業と調整を説明します。分業とは、組織内にある仕事を分割し、各人に割り当てることです。調整とは、分業の一部ずつを担う人々が、まるで一つの全体であるかのように連動することです。分業には大きく垂直分業と水平分業があります。垂直分業は、考える仕事と実行する仕事を分けることです。例えば、「製品をいつまでに何個つくるか」「作業能率をいかに上げるか」を思案するのは考える仕事です。それに合わせて製品をつくるのは実行する仕事です。次に水平分業とは、生産工程に沿って仕事を手分けすることです。ピアノの製造であれば、フレームをつくり、弦を張り、鍵盤を取付け、調律するという具合に分業します。

　分業すれば特定の業務に従事できるため、仕事に慣れるまでの時間が短くなるのは明らかです。また、業務に精通し専門的な知識を蓄えることもできます。さらに、個々の能力に応じた仕事配分が可能です。つまり、難易度別に仕事を分け、難しい仕事はベテランに任せて易しい仕事を新人が担当すれば、人的資源を無駄なく活用できます。

　他方、過度な分業は勤労意欲の低下を招くでしょう。単調な業務ばかりを要求されれば、仕事への深い関心と創意工夫は抑圧されます。また、仕事が細分化されるため、組織全体に貢献しているという使命感は薄れます。これらの問題への対処法として、分業方法の見直し、仕事内容の変更を伴う異動などがあります。

　また、分業だけでは個々の仕事の成果はバラバラなので、組織で仕事を進める意味がありません。一つひとつの成果を組み合わせ、全体の成果にするために必要なのが、調整です。例えば、新幹線の運行管理では乗務員・駅員・指令員が分業しています。それらすべてが連動しシステムとして機能します。これが調整です。実際の企業における「分業と調整」の仕組みは、第9章で見ていきます。

2 主な組織形態 ─────────────────●

1 ── ライン権限とスタッフ権限

　ここでは、組織における指揮命令系統、つまり**職位**（職務遂行のために与えられる組織での地位）が上位の者と下位の者の関係性を中心に説明します。言うまでもなく、組織では上位者が下位者に命令します。組織の最上位であるトップ・マネジメントから、最も下の層までたどる**権限**の系統を描いたものが**組織図**です。権限とは、下位者に命令を下し、その命令が実行されるのを期待できる管理職の権利を指します。組織図を見れば、組織全体がどのような部署に分けられているのか、各々の部署がどう結び付いているのかを理解できます。

　組織における権限には**ライン権限**と**スタッフ権限**があります。企業が生業とする業務に直接携わるのが**ライン部門**で、当該部門が行使する権限がライン権限です。メーカーであれば、調達部、製造部、営業部等がライン部門です。すなわち原材料を仕入れ、つくり、売るという生産過程をつかさどる部門と考えてください。ライン権限においては、下位者は直属関係にあるただ１人の上司から命令を受けます。これを**命令一元化の原則**と呼びます。この原則のもとでは、下位者にとって誰の命令に従えばよいのか、誰に問題を持ち込めばよいのかが明確で、組織の規律が保たれます。

　一方、ライン部門のみでは欠如する専門知識を提供するのが、**スタッフ部門**です。例えば、お金の管理や決算報告では経理部が頼りですし、売れ筋予測には市場調査に長けたマーケティング部が必要です。スタッフはラインに対し命令ではなく「支援と助言」で働きかけます。これをスタッフ権限といいます。スタッフ部門は**専門化の原則**に基づきます。専門化の原則とは、特定の能力を有するスペシャリストをまとめて配置し、専門性を発揮させることです。

　ライン部門とスタッフ部門を併せ持つ組織が、**ライン・アンド・スタッフ組織**です（図８−１）。ライン部門はトップ・マネジメントを頂点とするピラミッドを形成し、基幹的業務を担います。スタッフ部門はラインの中間に置かれ、

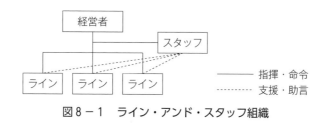

図 8 - 1　ライン・アンド・スタッフ組織

参謀としての役割を果たします。

2 ── 機能別組織

　ここからは、組織形態の基本形である**機能別組織**、**事業部制組織**、**マトリックス組織**を理解しましょう。実在企業の組織形態は、これらの基本形にアレンジが加えられています。ゆえに、企業組織を調べるにせよ、組織を設計するにせよ、３つの基本形態を押さえておくことが何よりも重要です。

　組織は分業の程度や方法に応じて分化し、形がつくられていきます。組織設計において分業されたタスクをグルーピングすることを**部門化**と呼びます。部門化では、業務をするうえで互いに依存する関係が強いタスクからまとめていくのが原則です[2]。なぜなら、相互依存関係にあるものが一緒のグループになれば、その間のコミュニケーションは最小限で済み効率的だからです[1]。また、部門化を「互いに連携してほしい人々を同じグループにする」という組織設計上の意図と捉えることも可能です。同一グループになれば、人々がコミュニケーションを増やし連携に前向きになると考えるのは自然なことです。

　それでは、**機能別組織**の説明に入ります。**機能（職能）**とは、特定の知識と熟練を必要とする仕事のまとまりのことです[2]。機能別組織では図 8 - 2 のように、まず機能（研究開発部・製造部・営業部）単位で部門化します。つまり、同じ機能が依存して仕事をする、または同じ機能の連携を強めていくため

★1　各組織形態における部門間のコミュニケーションの数（情報処理効率）を理解するには、沼上幹(2004)『組織デザイン』日本経済新聞出版社の第５章を参照してください。
★2　「機能」と「職能」は同じ意味です。以下、本章では「機能」で統一します。

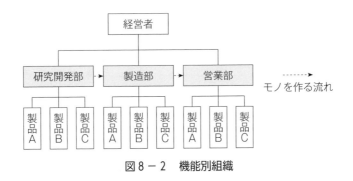

図8－2　機能別組織

　の組織設計です。そして、機能の下に製品別の部署（製品A〜C）があります。家電メーカーならば、研究開発部のなかに冷蔵庫・洗濯機等の担当部署をつくっていくと想像しましょう。

　機能別組織の長所は何よりもまず、専門化の利益を得られることです。自分たちが専門とする機能で組織編成されるため、技能を深められます。例えば、研究開発部にはその道の専門家が集結します。部内でさまざまな製品群の知識を持ち寄り融合させれば、個人としても企業としても技術力は磨かれるでしょう。すなわち、同一機能を集めるシナジー効果（相乗効果）が期待できます。

　また、経営資源の重複を避けた低コスト・高効率の運営ができます。例えば、原材料を仕入れる際、調達部が会社全体で必要な分を集中購買します。こうすれば、製品部署が個別に調達するよりも余計な買い物をせずに済みますし、取引額が大きいので売り手に対し強い交渉力を持てるでしょう。さらには、一つの工場（製造部）で製品Aと製品Bを生産できれば、設備投資を抑えられ工場の稼働率も上げられます。これらの経済効果を「規模の経済性」と呼びます。

　一方、機能別組織には市場の環境変化にすばやく対応できないという弱みがあります。機能別組織では図8－2の通り、同じ製品Aを扱うにもかかわらず、研究開発と営業は別部門です。よって、営業が集めた製品Aに対する市場ニーズは部門の壁を隔てて研究開発に届けられます。このとき部門間の調整に手間取ったり、考えに溝があったりすれば、市場への対応が遅れるかもしれません。

　また、経営者の育成に不向きです。企業のトップを務めるには会社全体の事

情に通じている必要があります。ところが機能別組織では、たとえ製造部長に
なっても研究開発や営業を含む事業全体を取り仕切るわけではないので、大局
観は磨かれにくいでしょう。

　さらに、部門の最高責任者がそれぞれの機能に特化しているため、経営者が
部門間のすり合わせをしなければなりません。その結果、経営者でしかできな
い、長期的な発展に向けた戦略的な意思決定がおろそかになるリスクがありま
す。

　以上の特徴を持つ機能別組織が適するのは、多角化の程度が低く、事業環境
が安定・成熟した産業に属する企業だといわれています[3]。

3 ── 事業部制組織

　今から説明する**事業部制組織**は分権的組織です。企業規模が拡大し事業が**多
角化**すると、さまざまな製品市場・競合企業に直面します。こうした状況下で
は 1 人のトップがすべての事業で采配を振るうことが難しくなります。それに
もかかわらず、トップに権限が集中していると、大きな負担がかかりビジネス・
チャンスを逃しかねません。そこで権限を分散していきます。これにより、そ
れぞれの事業部のトップが、担当製品群を統制するための権限と責任を持ちま
す。他方、経営陣は企業全般の利益を考えた長期的な戦略策定、経営資源の配
分に専念します。

　図 8 - 3 は製品を軸とした事業部、すなわち**製品別事業部制**の組織図です。
最初に部門化されるのは事業部で、その下に機能（研究開発、製造、営業）を
編成します。事業部内の依存・連携に重点が置かれていることがわかります。
図 8 - 2 と図 8 - 3 を見比べれば、機能と製品の上下の入れ替わりに気付くで
しょう。また、図 8 - 2 とは違い「モノをつくる流れ」が事業部の傘下にある
ことに注目してください。つまり事業部は、つくって売るまでを自己完結でき
る、ミニ企業です。

　地域単位で部門化する事業部制を**地域別事業部制**といいます。多国籍企業の
ように事業活動が地理的に広範になれば、異質で複雑な消費者の好みや商慣行

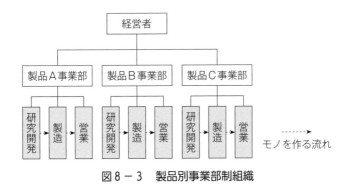

図8-3　製品別事業部制組織

に対応しなくてはいけません。この難しい舵取りを地域の長に委ねる方が望ましい場合、地域別事業部制が採られます。図8-3の製品別事業部を「北米事業部」や「アジア事業部」に読み替えるとよいでしょう。

　それでは、事業部制の強みは何でしょうか。第1に市場への迅速な対応です。例えば、市場のニーズをつかんだ営業はそれをすぐさま研究開発へ伝え、対応を練ります。同時に、研究開発における新しいテクノロジーは速やかに営業に周知され、顧客への売り込みにつなげられます。このように、市場への対応を最優先する機能間の団結は、事業部制の強力な武器です。

　第2に、事業部制組織では利益等の客観的な尺度で事業部を評価できます。出来不出来が明確になるので、事業部間に競争意識が芽生え、おのずと従業員の士気は高揚します。また、事業部による会社への貢献がはっきりするため、トップにとっては経営資源の配分や事業の取捨選択を決断しやすいといえます。

　第3に、事業部運営が経営幹部を育てる訓練の場になります。事業部長はそれぞれの製品市場における「モノをつくる流れ」を統括しています。ミニ企業である事業部をマネジメントできれば、さらに大きな企業体を率いるためのこの上ない経験になります。

　一方、事業部制にも短所があります。まず、事業部間の競争がエスカレートし、非協力的・排他的になると、自分たちの都合を優先する「**セクショナリズム**」が生まれます。自部門に利益をもたらさない業務を遠ざける、事業間のシナジー効果を考えず視野偏狭になる、優秀な人材を部内に囲い込み幅広いキャ

リア形成を妨げる等は、その一例です。

　また、事業部が独立しているがゆえに、部門横断的な資源共有に難があります。事業で組織をくくる事業部制では、機能間のつながりは希薄になりがちです。例えば、A事業部の営業とB事業部の営業が連携できていないと、Aの営業は顧客のキーマンと懇意にしているけれど、同じ顧客を持つBの営業はその人物のことすら知らず四苦八苦しているという非効率も起こり得ます。

　事業が多様になれば、機能別組織のメリットとして述べた、同一機能のシナジー効果や規模の経済性が小さくなるため、事業部制組織が優位というのがオーソドックスな見方です。しかし、事業部制組織では分権化された事業部間の調整・統制を要するため、機能別組織より一般的には高コストです。また、多角化していても、機能別の良さをとって、事業部制組織にしない企業もあります★3。したがって、各事業の独立性が弱い場合には、安直に事業部制組織を採用するのではなく、本当にメリットがあるかを吟味する必要があります。

④ ── マトリックス組織

　これまで見てきたように、機能別組織は専門性の深化が実現できます。一方、事業部制組織は市場への対応力で勝ります。そのなかで、両方のメリットを実現させる方法が**マトリックス組織**です。マトリックス組織では、機能の軸と製品の軸が格子状に設けられます（図8－4）。機能軸のリーダーと製品軸のリーダーは同等の権限を持ち、共に責任を負う複線構造です。マトリックス組織は、両方の目標のいずれを優先させるかで生じた葛藤を、コンフリクト（意見の衝突）として表に出させるという特徴があります。

　図中の丸印はマトリックス組織のメンバーを表します。彼らは、専門性や業務効率を重視する機能別リーダーの下に置かれます。同時に、市場対応や事業の採算に軸足がある製品別リーダーの下にも置かれます。メンバーは2人の上

★3　例えば、ヤマハは2013（平成25）年に、JUKIは2011（同23）年に、それぞれ事業部制組織から機能別組織へ移行しました。

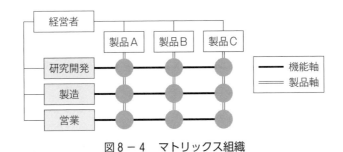

図8-4　マトリックス組織

位者から命令を受け取り、業務報告もまた2人の上位者に行います。このことからマトリックス組織は、ツー・ボス・システムとも呼ばれます。

　それでは、マトリックス組織が採用されるのはどのようなときでしょうか。まず、機能別の良さを生かしながら、個々の製品への対応も迫られる場合です。例えば、高度な専門技術（機能面）を追求し、かつ新製品開発（製品面）も頻繁に行わねばならないといったケースがあります。それぞれに得意分野を持つメンバーが協働すれば、技術に秀で、かつユーザーのニーズを汲み取った製品ができる可能性は高まるでしょう。

　次に、全社的に資源を有効活用したいときです。マトリックス組織ならば、機能でも製品でも卓越した専門性を持つ人材は能力を広く発揮できます。製品ライン間で設備を融通し合えるメリットもあります。

　反面、マトリックス組織は命令一元化の原則に抵触します。よって、2人の上長の意見が食い違えば、部下はどちらの命令に従えばよいのか混乱してしまいます。また、権力抗争の火種を生みやすいとも考えられます。両方の軸のバランスを保ちながら組織運営するのは容易ではありません。よって、マトリックス組織が採用される場面は限定的であると理解してください。

3　チャンドラー命題とアンゾフ命題

1 ── 戦略と組織の関係性

　本章の結びに、**チャンドラー**（Chandler, A. D., Jr.）と**アンゾフ**（Ansoff, H. I.）の著書からアメリカ企業における組織の変遷をたどりましょう。チャンドラーは『経営戦略と組織（Strategy and Structure)』で、デュポン社（Du Pont）を含む4社の経営史を研究し、「**組織は戦略に従う**」という命題[★4]に至りました。多角化戦略をとる企業が、機能別組織から事業部制組織へ移行することが同書の主要テーマです。一方、アンゾフは『戦略経営論（Strategic Management)』で、「**戦略は組織に従う**」という命題を導き、「組織が戦略を決める」と主張しました。

　双方の主張は、一見対立するように思えます。しかし、チャンドラーは組織形態に焦点を当て、アンゾフは組織の文化や能力を強調した議論を展開しており、視点が異なります（図8−5）。両者の命題は、自社を取り巻く状況変化に合わせて使い分けすればよいのであって、決して対立する概念ではありません。

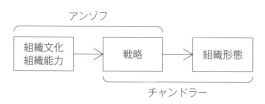

図8−5　チャンドラーとアンゾフの視点の違い

2 ── チャンドラー命題

　それでは、チャンドラーの功績からひもといていくことにします。19世紀後

★4　命題とは「『AはBである』などという形式をとり、真か偽かの判定の対象となるもの」[4] のことをいいます。

半、多くのアメリカ企業は垂直統合戦略を進めました。垂直統合とは例えば、完成品メーカーが川上の部品製造をしたり、川下の販売網を構築したりすることです。垂直統合にはメリットがある一方、リスクもあります。

今、単品種の完成品メーカーが垂直統合戦略を採用していると考えてください。ここでその製品が売れなくなれば、部品生産も販売店売上も悪化し、垂直統合で蓄積した経営資源が無駄になります。このように経営資源が利用されなくなるリスクを減らそうと考えられたのが、新製品開発による多角化戦略です。単品種から多品種になれば、景況が変わっても設備や人員を稼働させられる可能性は高まります。

チャンドラーが調査対象としたデュポン社は、第一次世界大戦中までは火薬に絞り込んだ単品種のビジネスと機能別組織で成功していましたが、戦後の火薬の需要減を見越し、塗料や化学繊維といった新製品開発に乗り出します。しかし、従来まで得意にしていた火薬とは畑違いの事業に手を広げる、この多角化が同社に苦難をもたらしました。というのも、戦略策定は複雑になり、製品ラインの増加で部門間の調整は込み入ります。また、さまざまな製品市場で異なる変動を示す需要に対応する必要がありますし、大口顧客向けの火薬と個人向けの製品とでは売り込み方を変えなければいけなかったからです。

ところが、機能別組織に固執した同社では、多方面にわたる事業を総合本社が集権的に管理し、細部に目が行き届かなくなっていました。また、製品系列ごとの長を置かなかったため、誰一人として製品の市場シェア拡大に責任を持たなかったのです。同社の多角化戦略がうまくいかない原因が、機能別組織にあったのは明白でした。

多角化経営へ転換したのにもかかわらず、組織形態に改革のメスを入れなかった同社の業績は悪化しました。惨状のなかで若手幹部が提案したのが、製品別事業部とスタッフ部門と総合本社からなる新組織、すなわち事業部制組織です。最後まで提案にあらがった社長のイレネー・デュポンも、膨らみ続ける損失を前にとうとう首を縦に振り、1921年に事業部制組織が誕生しました。

以上、同社の戦略と組織の関係性から、チャンドラーは「組織は戦略に従う」という命題を導きました。この命題は絶対というわけではなく、実際には多角

化と関係なく事業部制をとるケースもあります。それでも彼の業績に触発された数多くの研究が、組織形態を規定する要因の解明に挑みました。例えば、トンプソン（Thompson, J. D.）は、顧客層や原材料・人的資源の入手経路等、事業上の制約条件に合理的に対処できるよう、企業は組織形態を変えていくと主張しました。

3 ── アンゾフ命題

　事業環境の変化が激しくなかった時代は、チャンドラー命題によって戦略と組織の適応の大部を説明できました。つまり、環境変化に戦略が追随し、その戦略にフィットする組織形態をつくればよかったのです。ところが事業環境の変化が急激もしくは非連続だと、戦略・組織は環境に追いつけなくなり、逐次的な対応が崩れます。ここでアンゾフ命題が示唆を与えてくれます。その要点は以下の通りです。

　事業環境が刻々と変化しても、歳月を重ね培われてきた組織の文化・能力はたやすく変えられるものではありません。組織には「慣性」が働きます。したがって、例えば保守的な組織が「明日からは斬新なアイデアを奨励する」といってもすぐにはうまくいかないでしょう。つまり、組織にも「キャラクター」があり、それに釣り合う戦略がとられるということです。こうした視座から、アンゾフは**組織文化**や**組織能力**、さらには組織が持つ欲求やリーダーシップによって、選択できる経営戦略に制約が生まれると明言しました。

　アンゾフも今なお、組織研究に刺激を与え続けています。一例を挙げると、ロバーツ（Roberts, D. J.）は、目まぐるしく変わる環境下でトップ・マネジメントに求められるのは、「戦略的意図」の設定や組織文化の醸成であるとしました[5]。ゆるぎのない「戦略的意図」と組織文化は、たとえ分権化が進んでも意思決定へ共通の文脈を与えるがゆえに、戦略面の成功を導くというわけです。これは、組織が戦略を決めるというアンゾフ命題を発展させた考え方です。

ハイアール社の自律的組織

　本論で組織内の全員が１本の指揮命令系統でつながっていると述べました。確かに、組織での上下関係は原則的には絶対です。しかし、新興国ビジネスや日進月歩の技術革新といった不確実な要因が増すなか、役職が付いた、いわゆるリーダーだけで対応できる範囲に限界が出てきました。そこで個々の力を持ち寄って助け合う行動が求められます。

　リーダーシップ研究で著名なハイフェッツ（Heifetz, R.）は、「適応が必要な問題」では、肩書や権威のある者ではなく、問題を抱える当事者がリーダーシップを振るうべきだと主張します。また、ハイフェッツの考え方を組織に応用するキーガン（Kegan, R.）とレイヒー（Lahey, L. L.）によれば、僚友を助け、人材を育て、組織の文化をつくるのは全従業員の責任です。なお、キーガンらの視点は、組織文化から経営戦略へアプローチする点と、組織内の個人の心理面へ着眼する点で、アンゾフに近いといえます。

　ハイフェッツ、キーガンとレイヒーに共通するのは、「周囲の人や問題から目をそらさず、気付いた者が手を差し伸べ、声をあげよ」という点です。職場内でのこうした世話焼きについて鈴木竜太が実証分析を行っています。鈴木によると、まず職場単位の目標設定と成果に対する共同責任が必要です。すると、意見交換や相談をしやすい組織風土が育まれます。この**集団凝集性**が仲間への惜しみない支援に結び付くといいます。

　ただ、支援行動をボランティアと捉えると、自分や組織が犠牲になることがあるかもしれません。そうではない事例として、中国の家電メーカーハイアール社（Haier）を紹介しましょう。同社は独自の組織形態で、支援行動に競争原理を取り入れることに成功しています。ハイアールの組織は、１チーム10名程度からなる、4,000ものマイクロ・エンタープライズ（ME）で形成されます。MEは小さな独立経営体であり、相互に自由な支援、つまり社内取引が許されています。熾烈な争いをくぐり抜け多くの取引を成立させたMEの報酬は多くなり、魅力に乏しいMEは淘汰されます。すなわち、ME間の支援は奉仕ではありません。双方にビジネス上のメリットがある場合にのみ、支援の授受が成立するのです。このように小さな自律的組織に全権を委譲し、信賞必罰を徹底している点がハイアールの強みです。

演習問題

① スタッフ部門には、本書であげた「経理部」と「マーケティング部」のほかにどういった部署があり、ライン部門にどのような支援・助言をしているでしょうか。考えてみましょう。

② 伝統的組織論（古典的組織論）には、「命令一元化の原則」と「専門化の原則」以外にも組織原則があります。調べてみましょう。

③ 機能別組織を採用する企業、事業部制組織を採用する企業、それぞれが直面する市場環境を調べてみましょう。例えば、顧客ニーズの移り変わりの早さ、技術革新のスピード、第3章で学んだ製品のライフサイクルにどのような違いがあるかを分析してみましょう。

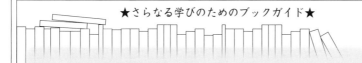

★さらなる学びのためのブックガイド★

●沼上幹 (2004)『組織デザイン』日本経済新聞出版社
組織の基本形態、分業と調整の原理原則がこれ以上ないほど丁寧に書かれています。理論に忠実であると同時に、組織内の協力や葛藤も描かれているためイメージがふくらみます。組織論のテキストとしてはもちろん、組織設計時の拠り所にもなる、長く手元に置いておきたい必読の書です。

●鈴木竜太 (2018)『はじめての経営学　経営組織論』東洋経済新報社
初学者に寄り添った親身な解説と数々の例え話が、読者の関心をつなぎ留めます。気が付くと組織論の世界に引き込まれているでしょう。第2・4章が本章と関連しており、上記『組織デザイン』との併読もお勧めです。

●J. R. ガルブレイス・D. A. ネサンソン (岸田民樹訳) (1989)『経営戦略と組織デザイン』白桃書房
チャンドラー命題を受け継ぐ先行研究を概観したうえで、経営戦略と組織設計との関連について発展的な議論が展開されます。コンティンジェンシー理論の基本を授けてくれ、出版から年月を経ているものの数々の示唆を得られます。

Business
Administration

第 9 章
組織構造

●本章の概要

　前章では「組織形態」を学びましたが、本章では「組織構造」について学びます。「形態」と「構造」との明確な違いは、外面的（具体的）であるか、内面的（抽象的）であるかです。人体に例えると、「形態」は表面に見える肉で、「構造」は表面では見えない骨格といえます。本章では、具体例をあげつつも抽象的な概念を中心に説明します。

　「組織」は私たちの生活のいたるところにあり、私たちの生活を支えています。具体的にいうと、会社、学校、家族、友だちをあげることができ、広義ではすべて「組織」です。こうした「組織」はどのように分類され、どのように使われているのでしょうか？　組織構造の内部を一つずつ本章で確認します。

　「組織」は経営学を学ぶうえで、欠かせない分野の一つです。経営学には必ず組織が関わってくるといっても過言ではありません。つまり、「組織」を学ぶと経営学がより明確に見えてきます。

　多くの人は「組織」を学ぶと機械的な思考に陥りがちです。しかし、組織を構成する主体は人間で、感情があり、喜怒哀楽があります。人間的視点を常に忘れず、「組織」を学んでほしいと思います。

　人間的で楽しい「組織」を学ぶ旅に出ましょう。

●キーワード

□ 組織
□ 協働体系
□ 公式組織
□ 非公式組織
□ 組織構造

1　組織とは

1 ── バーナードによる「組織」とは

❶ バーナードについて

　今日、私たちは多くの組織と関わりを持ちながら生活をしています。例えば、学生であれば学校やアルバイト先が、社会人であれば会社が組織にあたります。何気ない日常に、組織は必ずといっていいほど関わっています。では一体、何が組織なのでしょうか。一つずつ紐解いていきましょう。

　組織論研究の大家であり、実業家でもあったバーナード（Barnard, C. I.）は、組織を「協働体系の中の一つの体系であり、『二人以上の人々の協働』という言葉のうちに含まれている体系」[1]と定義しました。

　バーナードはアメリカの電話会社社長であり、経営学者でもありました。社長在任中に名著『経営者の役割』を刊行しました。現在に至るまで、約80年以上もの間、多くの人に読まれる書籍を刊行したことは大変素晴らしいことです。『経営者の役割』の翻訳者であり、著名な経営学者の山本安次郎は、以下のようにバーナードを評しました。

　　「バーナードの個々の理論にはなお問題があるにしても、組織を初めて経営協働体系の中核として全体的に把握する道を示した組織論史上の功績は何人もこれを認めざるを得ず、今日と言えども一度そこに帰って再出発すべき高峰たるを失わず、クラシック中のクラシックといわねばならない。更に、協働体系や組織をシステムと見ることによって、早くもシステム・アプローチに道を開き、（中略）今日の行動科学的アプローチの先駆をなしたことも忘れてはならない。われわれはバーナードを経営学的組織論の創始者と呼びたい」[2]

　山本の評価からバーナードが素晴らしい経営学者と容易に理解することができます。ほかにも山本は、「組織は必ずしも経営ではないが、経営は組織なし

には存立しえない」[3]と経営学を学ぶうえで、組織論は必須であると述べました。山本に倣（なら）うと「経営学を学ぶ≒組織論を学ぶ≒バーナードを学ぶ」といっても過言ではないといえます。

❷ 協働体系

　バーナードは、**協働体系**を「少なくとも一つの明確な目的のために二人以上の人々が協働することによって、特殊の体系的関係にある物的、生物的、個人的、社会的構成要素の複合体」[4]と定義しました。では、そもそも「協働」は何のためにするのでしょうか。

　今日、私たちが住む社会は相互に絡み合い、そこから生まれる問題も非常に複雑で、実態をつかむことは困難です。例えば、組織行動の目的を「問題解決」にした場合、①問題を発見する力、②発見した問題を解決する力、の2つが要求されます。このとき、対象となる問題が個人的であるならば個人での解決が可能かもしれません。しかし、問題が社会的・組織的になると、個人による問題解決は困難になり、個人の力を超えた協働による対処が必要になります。

　社会的・組織的問題における個人解決は、2つの理由で困難といえます。1つ目は、問題そのものの壮大さです。例えば、地球温暖化の起因を二酸化炭素とした場合、解決策は二酸化炭素の抑制と考えることができます。その際、地球温暖化を防止することは、個人単体の力で可能でしょうか。確かに、個人一人ひとりが高い意識を持って、活動を実行できれば大きな効果が生まれるかもしれません。しかし、現実は難しいと思われます。全体的で総意の取れた企業単位の対応や、国単位の取り組みが求められます★1。

　2つ目は、社会問題の無数さです。私たち個々が認識している問題は、個人の認識の範囲内にとどまります。つまり、私たちの認識の範囲外には、より多くの問題が潜んでいるということです。一般的に、二酸化炭素の抑制をするた

★1　2015年に気候変動への国際的な取り組みを決めた「パリ協定」が採択されました。大きな枠組みがゆえに、今後の展開が期待されました。しかし、2017年6月にアメリカ大統領ドナルド・トランプ氏が「パリ協定」からの離脱を宣言しました（手続き上、正式な離脱は2020年）。離脱の理由は「不公平な経済的負担」であるとしています。全体で足並みを揃えることは、規模が大きくなればなるほど困難になる傾向があります。

めに、二酸化炭素排出を抑えた自動車や工業品製造過程における二酸化炭素を抑制した技術が発明されていることは周知されています。しかし、ほかにも、住宅地建設等における森林の伐採や林業衰退による木々の光合成の非効率化など、深く見てみると問題は次々と出てきます。以上のように山積する問題を個人で解決することは不可能です。

　したがって、人々は個人では不可能なことを可能にするために**協働**をします。問題が多発しているなか、他人とお互いに足りない部分を補い合いながら、相互支援をします。しかし、他人と行動を共にしただけで、協働になるわけではありません。協働がうまく機能するには、内部の仕組みを理解する必要があります。以下では、より内部の仕組みを見ていきます。

2 —— 公式組織と非公式組織

❶ 公式組織・非公式組織とは

　組織は「**公式組織**」と「**非公式組織**」とに分けることができます。バーナードは公式組織を「二人以上の人々の意識的に調整された活動や諸力の体系」[5]と定義しました。今日、組織と認識されているものの多くは、公式組織と理解しても問題はありません。具体的にいうと、Google（グーグル）、Apple（アップル）は、もはや私たちの生活に欠かせない組織です。バーナードは、まず公式組織の性格として「社会生活の最も重要な特徴であり、また社会そのものの主要な構造的側面である」[6]と述べました。以上からも公式組織は、私たちが日常のなかで、容易に認識できる組織といえます。

　次に、非公式組織は「個人的な接触や相互作用の総合」「人々の集団の連結」であり、「共通ないし共同の目的は除外され」「きまった構造をもたず、はっきりとした下部単位をもたない」[7]体系と述べています。非公式組織は、公式組織に比べ形式張ったものは少なく、自由な印象を受けます。具体的には、仲の良い友だちの集まりということができます。仲の良い友だちとの集まりの多くは、企業組織のように意識的に調整された階層、命令系統はありません。

　以上のように、組織は公式組織と非公式組織とに分けることができます。両

者の関係は重要なので、より深めていきます。企業と呼ばれるものは公式組織に分類され、私たちの生活の大部分を構成しています。私たちは無意識に企業を利用し、企業の恩恵を受けています。公式組織は、社会の主要な構造的側面であり、多くの人に認識されています。そして、このような公式組織を下支えするのが、非公式組織です。

　非公式組織は、公式組織に比べ、周りに認識されにくく目立つこともほぼありません。しかし、自動車の両輪のように、公式組織は非公式組織がなければうまく運営することが困難になります。非公式組織の重要性は、ホーソン実験で明らかになりました。

❷ ホーソン実験

　ホーソン実験は、アメリカのウエスタン・エレクトリック社ホーソン工場で1924年から1932年まで行われました。明らかになった内容を端的に説明すると、生産性は職場の物理的な環境よりも人間関係、つまり非公式組織に依存するということです。以下でより詳しく見ていきます。

　ホーソン実験では「工場における生産効率はその環境に影響される」という仮説から始まりました。まず「ある基準より照明を明るくすれば生産効率が上がり、暗くすれば生産効率が下がるのではないか」という仮説をもとに、照明実験が行われました。具体的には、2つのグループをつくりました。1つは常に照明が一定の環境下で作業を行うグループ、もう1つは回数を追うごとに照明を変更する環境下で作業を行うグループです。仮説に基づけば、照明を明るくすれば作業能率が向上すると予想できます。しかし、結果は予想に反し、2つのグループの間に大きな差を見つけることができませんでした。つまり、生産効率と照明の明るさとの間に、明確な関係性はないことがわかりました。

　次に、リレー組み立て実験が照明実験と同じく「作業環境が作業能率に関係している」という仮説のもと行われました。リレー組み立て実験では、継電器という製品を組み立てる過程で、6名の女子作業員を選んで個室の試験室に移し、作業条件を変えながら作業量の推移を測定しました。具体的には、賃金、休憩時間、室内温度や湿度などの作業環境に良い変化を加えました。以上の変

化を加えたところ、実験が進むにつれて作業能率は向上しました。しかし、実験途中で変動要素を元に戻しても作業能率は向上しました[2]。つまり、照明実験と同様、作業環境、条件と作業能率との間に明確な関係性はないことが再確認できました。

その後、面接調査とバンク配線作業実験が行われました。面接調査では「照明実験」と「リレー組み立て実験」の状況理解をするために、労働者への聞き取り調査が行われました。そこで、労働者の感情と作業とが切り離せないこと、労働意欲はその職場の人間関係に影響を受けること、を確認することができました。つまり、「照明実験」と「リレー組み立て実験」のような目に見える環境変化よりも、目に見えない感情的要素の方が作業に対する影響が大きいことがわかりました。

バンク配線作業実験では、「照明実験」「リレー組み立て実験」と「面接調査」からの流れで、「小集団が存在し、社会統制機能を果たしている」という仮説のもと行われました。バンク配線作業実験は、電話交換機端子の配線作業における3つの工程グループの様子を観察しました。すると、小集団すなわち非公式組織の存在を確認することができました。非公式組織内では社会的統制が確認され、非公式組織外に対し防衛的な行動が見受けられました。ほかにも、個人的な人間関係が品質に反映されるなど、より感情的な側面を確認することができました。

以上の実験結果から、作業環境は作業能率に対し大きな影響を与えず、同作業を行う人間関係や意識などが作業能率に大きな影響を与えていたことがわかりました。つまり、非公式組織としての性格が公式組織に対して大きな影響を与えていたのです。したがって、人間は形式的・機械的な側面に対する働きかけよりも、**感情**の側面に対する働きかけの方が効果は大きいということをこの実験から読み取ることができます。

★2　ここでいう作業能率とは、一定時間内に可能な作業量を指します。

2　分業と調整とは ●

1 ── 分業と調整

　企業は、みなさんにとって最も身近な組織の一つです。企業の仕組みを知ることは、みなさんが生活する社会システムを知ることにつながります。企業における分業と調整（分業と調整については第 8 章も参照）により、私たちの生活は豊かになりました。そのメカニズムを、企業のなかでもトヨタ自動車を具体例にあげ説明します。

　第一に分業とは、全工程をいくつかの段階に分けて、異なる人が分担して遂行することです。全工程の範囲は、見る視点や立場などによって変わります。トヨタ自動車における全工程は、原材料を調達し、自動車をつくりお客様に届けることです（アフターサービスも含む）。しかし、トヨタ自動車一社のみでは、無数の工程を経る自動車をつくることは不可能です。そこで、トヨタ自動車は系列企業とともに企業間分業といえる形態を採用しています（図 9 - 1）。トヨタ自動車の系列企業数は、2018（平成30）年度現在で約 4 万社です[8]。そこで各社分業が行われるため、トヨタ自動車を頂点とした系列企業の一社一社の全工程は異なります。各社における全工程は、トヨタ自動車が各社に要求する部品を完璧に近い形で提供することになります。つまり、全工程と各工程は、見る視点や立場などにより相対的に変化し、区別して考察することが可能です。

　第二に調整とは、全工程を射程に置いて各工程が基準に合わせて整えることです。上記のように、トヨタ自動車と系列企業は、全工程を認識し各工程に対して尽力することが必要です。各工程が、自由気ままに基準を変更し、好きなように経営をしていては車が完成するはずがありません。必ずといっていいほど、全工程を射程においた調整がされます。しかし、各工程の作業員、またはトヨタ自動車を研究対象とする研究者でも、トヨタ自動車の全工程を詳細に認識することはほぼ不可能といえます。それほど、今日の工程は複雑さを極めています。

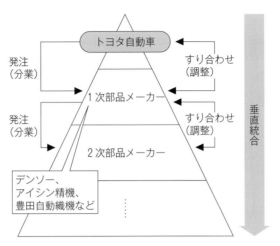

図9−1　トヨタ自動車における工程図のイメージ

出典：冨田耕「特集トヨタの焦燥―PartⅢ鉄の結束は盤石か―」
　　　『週刊東洋経済Plus』東洋経済新報社　2017年4月29日号
　　　を一部改変

2 ── トヨタ自動車における分業と調整

　ここからは、トヨタ自動車内部における「分業と調整」、そしてトヨタ自動車と他企業との「分業と調整」について見ていきます。

　まず、自動車の製造工程内は、図9−2のようにさまざまな工程に分かれています。自動車をつくるには、非常に多くの工程が複雑に絡んでいることがわかります。

　次に、図9−1にもある通り、トヨタ自動車は自動車に関する部品の一部を、他社に発注しています。例えば、1次部品メーカーの「デンソー」には、トヨタ自動車のハイブリッド車（HV）のモーターやパワーコントロールユニット（PCU）などの基幹部品を発注しています。これらは、分業のメリットである「効率化」を生かしたものといえます。

　また、分業をする際に、「信頼」と「調整」の2つの概念が重要になります。例えば、トヨタ自動車の燃料電池自動車「MIRAI」は、組み立てにおいて、ボディーにワイヤーハーネスなどが取り付けられ、続いてシャシーが取り付け

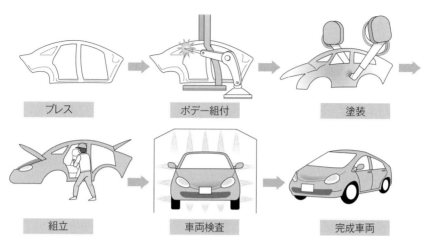

プレス ボデー組付 塗装

組立 車両検査 完成車両

図9-2 自動車の製造工程

られます。シャシーには燃料電池システム、水素タンクシステムが組み付けられ、漏れがないかどうかチェックが行われます。その後、モーターやフロントグリル、タイヤなどが取り付けられます。そして、内装が組み付けられ、フロントガラス、シート、ドアが取り付けられ、その後、検査工程へ移行します。

　以上の一連の製造過程において、各部品やシステム（前工程や購入部品）に対する「信頼」がなければ、分業そのものが成り立たなくなります。「信頼」ができないならば、トヨタ自動車自身がすべての部品をつくればいいのです。しかし、それでは、分業の効率化というメリットを享受することができなくなります。企業は、常に分業の効率化と信頼という狭間で悩んでいるといえます。もちろん、双方を追求することが必要です。加えて、「調整」は上述のように分業をするうえで欠かせない要素です。部分である「分業」が、好き勝手に各自の工程を行っては、いつまでたっても製品を完成させることができません。

　そして、分業における調整は、トヨタ自動車における製造工程の分業に対して行われるものと、図9-1でいうとトヨタ自動車と1次部品メーカー、1次部品メーカーと2次部品メーカーとの間で行われるものの2種類が必要です。ここではトヨタ自動車の「かんばん方式」を例にあげ説明します。

　「かんばん方式」とは、在庫を最小にするための仕組みで、ジャスト・イン・タイム（必要なものを、必要なときに、必要な量だけ）を実現するための手法です。後工程は前工程に対し、かんばん（生産指示表）を発注書として発行します。前工程は、かんばんをもとに製品を製造し、後工程に納品をします。このとき、かんばんは納品書として共通項の役割を持ち、相互チェックすることが可能になります。「かんばん方式」は他工程を信頼、相互調整しなければ成り立ちません。

　このように「かんばん方式」は、納品指示書の働きとともに相互調整を行う一種のコミュニケーションツールといえます。さらに「かんばん方式」は、上述の「信頼」を前提に機能します。つまり、トヨタ自動車の製造工程の分業に対しても、トヨタ自動車と1次部品メーカーとの分業に対しても、「かんばん方式」が機能するためには、不良品が混じっていない「完璧な品質」が各工程の前提になります。

　トヨタ自動車に限らず、企業は全工程を射程に置き、各工程が相互調整をしなければなりません。つまり、分業と調整と信頼は、切っても切り離すことができない三位一体の関係といえます

3　組織構造とは

1 ── 組織構造の要素

❶ 権限と責任

　権限と責任は、仕事を遂行するうえで外すことができない要素です。まず両者は、バランスの取れた均衡状態である必要があります。権限を与えて責任は取らなくていい、権限を与えず責任は取らせる、などは組織が存続するためには避けなければなりません。例えば、上司から「言う通りに仕事をしてくれ、それ以外は絶対にするな」と言われたとします。しかし、上司の言う通りに仕事をしたところ満足のいく結果が得られず、上司から「お前が責任を取れ」と

言われたら、どう思いますか。やる気がなくなることは容易に想像できます。

　繰り返しになりますが、権限と責任はセットでうまく活用する必要があります。片方に偏るとバランスを崩し、組織の持続的発展に危機を及ぼします。

❷ 管理の幅

　管理の幅は一般的に、span of control（スパン・オブ・コントロール）と呼ばれ、1人の管理者が適切に管理できる部下の人数や業務の範囲を指します。1人の管理者が管理できる人数は5〜7人の間といわれていますが、組織の業務内容や部下のスキルレベルなどにより左右されるため、相対的に変化することが多く、定常的に定めることが困難です。いずれにせよ、何百人も管理ができるスーパーマンのような経営者などいないのです。

　上述のように、トヨタ自動車の系列企業数は約4万社で、社員数（連結）は2019（平成31）年3月現在で約37万人です。トヨタ自動車単独でも約7万5,000人います。そうしたなかで、トヨタ自動車の代表取締役社長が会社全体を管理することは不可能です。しかし、トヨタ自動車は全体として経営をしています。全体的経営ができる要因の一つとして、以下の公式化・規則化をあげることができます。

❸ 公式化・規則化

　公式化・規則化は、テイラー（Taylor, F. W.）の科学的管理法に基づいています。科学的管理法以前は「成り行き経営」が先行し、感覚的な経営がなされていました。統一・一貫された経営ではなく、経営者側も労働者側も不信感を抱えていました。そこでテイラーは、科学的管理法を考え出しました。ここでは、大きく2つの概念について説明します。

　1つ目は、「課業管理」です。課業管理は、ノルマを基準とし、達成度合いによって報酬を決めます。ノルマを達成できれば成功報酬として、達成できなければ不成功減収として報酬を決定しました。作業に関わる工具は、熟練工、未熟練工にかかわらず同じものを使用し、手順も統一しました。つまり、標準化することによって、作業能率の向上を図りました。

　2つ目は、「作業の標準化」です。作業の標準化は、時間研究と動作研究によって明らかにされました。前者は、生産工程において標準的作業時間を設定し、1日あたりのノルマを決定しました。後者は、生産工程において作業を「要素動作」に区分し、各動作の時間を計測して標準的作業時間を算出しました。

　以上の2つを考察すると、まるで人間が機械のように管理されている印象を受けます。現に、科学的管理法は人間性の欠如が問題とされました。公式化・規則化の程度も、いつの時代も人間的側面と機械的側面との間で揺れ動いています。おおよそ"想定外の頻度"が公式化・規則化の程度に大きな影響を与えます。想定外とは、事前に想定できるものは想定内、事前に想定できないものは想定外といったように、ある事象を事前に想定できるか、できないかによって区別できます。"想定外の頻度"が少なければ、公式化・規則化の程度は大きくなり、多ければ小さくなります。

　例えばネジ工場では、ネジを作る際の"想定外の頻度"は比較的少ないと考えることができます。しかし、ネジを使用した製品をお客様に売る際の営業は"想定外の頻度"が比較的多いと考えることができます。なぜならば、後者は前者に対して、人間的で感情をはじめとした不確定要素が多いからです。以上のように、公式化・規則化の程度は、"想定外の頻度"を基準にして考えることができます[3]。

2 ── ピラミッド組織とフラット組織

❶ ピラミッド組織

　ピラミッド組織は、文字通りピラミッドのように階層が多い組織です（図9－3）。例えば、代表取締役を三角形の頂点とすると、その下に部長、次長、

★3　今日、経営環境が多様に変化し"想定外の頻度"が多くなっています。2008（平成20）年に起きたリーマンショックという経済危機、2011（同23）年に起きた東日本大震災という自然災害など、多くの想定外な事態があります。求められることは「想定外」があるということを「想定内」に入れることです。具体的な「想定外」を事前に把握することは困難です。いつ起きるかわからない「想定外」に、組織として柔軟な体制で準備する必要があります。柔軟に対応することが、組織の持続的発展につながります。

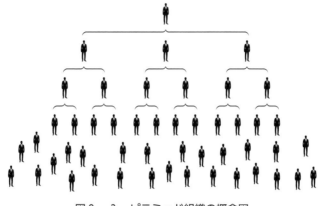

図9－3　ピラミッド組織の概念図

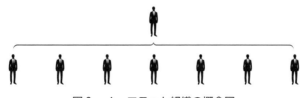

図9－4　フラット組織の概念図

課長、係長、社員などの**階層**をつくります。階層が下に行けば行くほど、人数が増加することがほとんどです。みなさんが認識する公式組織の多くは、ピラミッド組織であるといっても過言ではありません。

❷ フラット組織

フラット組織は、ピラミッド組織と違って階層をつくらず、平らな組織です（図9－4）。ピラミッド組織に比べ階層が少ないことで、不要な上下関係を排除することができます。今日、パワーハラスメント（パワハラ）をはじめとした上下関係を不当に利用した問題が多発しています。もちろん、フラット組織だからといってパワハラがなくなるというわけではありません。しかし、パワハラが上下関係間で生まれるのならば、フラット組織の方がその発生は少ないと推測できます。ほかにも、フラット組織の方が組織内人数は少ないので、

パワハラが起きる確率が少ないと考えることができます。

❸ ピラミッド組織・フラット組織における権限と責任、管理の幅、公式化・規則化

　ピラミッド組織とフラット組織とを念頭に、上記でふれた３つの組織構造要素について考察します。

◆ピラミッド組織・フラット組織における権限と責任

　１つ目の権限と責任は、基本的に上位階層に集中します。図９－３のピラミッド組織では、頂点にいる代表取締役ということになります。本来ならば、権限と責任は表裏一体であり、権限が大きくなれば責任もそれに乗じて大きくなります。つまり、ピラミッド組織では、比較的頂点に権限は集権され、責任は集中します。

　フラット組織は図９－４のように、ピラミッド組織よりは階層が少ないことがわかります。したがって、ピラミッド組織のように権限と責任とが一箇所に集権、集中するよりは、分権、分散する傾向があります。権限と責任とが、両輪として共存するため個々が自律的・迅速的に活動することが期待できます。昨今、IT産業が発展し、IoT★4やAIなど多くの新しい技術を企業は取り入れています。おおよそ、新しい技術を取り入れる際には、フラット組織として柔軟に対応し、迅速的に経営する事例が多くみられます。

◆ピラミッド組織・フラット組織における管理の幅

　２つ目の管理の幅は、その限界性をしっかりと加味する必要があります。ピラミッド組織では、直接的管理と間接的管理とをうまく使い分けています。図９－３を見ると１人（階層１段目）は３人（階層２段目）を管理します。３人は６人（階層３段目）を管理します。６人はまたその下を管理します。階層１段目は階層２段目に対して直接的管理をし、階層３段目に対しては、２段目を介していることから間接的管理を行います。もちろん、オーバーラップをすることもあります。このように直接的管理と間接的管理とを駆使して、多数を管理します。間接的管理の主なプレーヤーとして、支社長、支店長やエリアマネー

★4　Internet of Thingsの略でモノがインターネットと接続され、通信することを意味します。

ジャーなどの中間管理職をあげることができます。以上の点から、大人数を管理する場合は、ピラミッド組織は有効的であるといえます。

　フラット組織は、おおよそ直接的管理が中心となります[5]。ピラミッド組織とは違って階層が少ないため、階層の1段目が全体を把握することが可能になります。しかし、大人数を管理する場合には、フラット組織は有効的ではありません。

◆ピラミッド組織・フラット組織における公式化・規則化

　3つ目の公式化・規則化の程度は、分析軸として“想定外の頻度”をあげることができます。ピラミッド組織は階層が多く、管理する人数が大人数で意思伝達に時間がかかります。つまり、“想定外の頻度”が多いとその事象に対応することが困難になります。したがって、ピラミッド組織は、その特性上“想定外の頻度”が少ない事象に対してメリットがあります。

　フラット組織は階層が少なく少人数で、“想定外の頻度”が多くても迅速に対応できる可能性が高いといえます。しかし、迅速に対応できる一方で、想定外に対する体力はピラミッド組織に対して劣ります。したがって、フラット組織は、“想定外の頻度”に対しては迅速に対応できても“想定外の規模”の大きさに対しては有効的であるとはいえません。

　以上のように、ピラミッド組織とフラット組織とは、一概にどちらが優れているか決めることが困難です。しかも、外部環境や分析軸などを変えることによって、優劣が多変します。つまり、組織構造は複合的要素を加味して考察することが必要不可欠です。

❹　企業組織の実際

　組織構造は、時間軸を加味すると変化することがあります。今日、経営環境が目まぐるしく変化するなか、ピラミッド組織からフラット組織へ転換することは容易に想像でき、その逆も然りです。しかし組織は、場合によってはピラ

---

[5]　今日のフラット組織は、管理をするというよりは、仕事またはプロジェクト自体を任せることが多く、業務委託のような事例も見受けられます。

ミッド組織とフラット組織の双方の形を同時に採用することがあります。その理由は、主たる組織の形がピラミッド組織であったとしても、プロジェクトに代表される研究調査等は、フラット組織として活動した方が効率的であることが多いからです。つまり、ピラミッド組織の内部に一部フラット組織をつくるということです。小規模活動やプロジェクトなどの機能的に活動することが求められる事案には、フラット組織を採用することがあります。なお、双方の形は、表9－1のように相対的にメリット、デメリットをあげることができます。組織は、時間の流れとともに陳腐化するため、柔軟に変化することが求められます。

　本章ではページの制限があるためピラミッド組織とフラット組織のみを扱いましたが、組織構造は何十もの種類があり、行動実態も加味すると何百、何千、何万もあります。つまり、多様な行動実態がある企業を、ピラミッド組織やフラット組織など一言で表現することは危険です。フラット組織を採用しても実態はピラミッド組織として運用されていることも多々あり、注意が必要です。

表9－1　ピラミッド組織とフラット組織の主なメリット、デメリット

	メリット	デメリット
ピラミッド組織	細分化による専門性と効率性の向上 責任所在の明確化 昇進経路の明確化	意思伝達の非効率化 従業員の均一化 評価の曖昧さ 市場対応への鈍化 全体把握の困難さ
フラット組織	従業員の柔軟性、自由度の担保 不要な上下関係の排除 意思伝達の効率化 市場対応への迅速さ 全体把握の容易さ	情報管理の困難さ 高度な自律性の必要さ 従業員管理の困難さ

注：対象表は相対的であり絶対的ではありません。また、環境により大きく変化します。

　本章では組織構造について学びました。組織を学ぶことはとても楽しい一方で、知れば知るほどわからないことも増えてきます。しかし、一見、袋小路かと思いきや、足元に本質があることが多々あります。おおよそ、人間的、複眼的視点で組織を見ていけば、問題を解決する一つのヒントが見つかります。

Column

官僚制組織

　官僚制組織の本格的な研究は、ウェーバー（Weber, M.）によって始められました。まず彼は、経営体（端的にいうと組織）には、何らかの「支配関係」があり、①伝統的支配、②カリスマ的支配、③合法的支配の3類型に分類できるとしました。このうち官僚制組織は、合法的支配の純粋型に位置付けられる代表的な組織形態です。

　つぎに、官僚制組織の理念的特徴は大きく分けて7つあります。それは、①規則中心の原則、②階層制と審級制の原則、③文書主義の原則、④公私分離の原則、⑤専門的訓練の原則、⑥専職主義の原則、⑦専門的知識の原則です。以上の特徴から、組織を安定的に支配しようとしました。どこに安定性が担保されるかというと、徹底的な規則による支配です。つまり「法による支配」により、規則正しく、秩序立った統制を想定しています。

　また、彼はほかにも官僚制を、多様な組織構造のなかにも普遍的に見出せる支配形態と認識しています。今日にまで到る市場経済による競争原理と、企業を中心とした官僚的平等原理は、時には反発し、時には共鳴し、私たちの社会に持続的可能性をもたらします。以上の点から、官僚制組織は、今日の社会に大きな貢献をしてきたと言わざるを得ません。

　しかし、ウェーバーが唱えた官僚制に対し、マートン（Merton, R, K.）は官僚制の「逆機能」として問題点を指摘しています。規則に固執し環境変化に対応できない「訓練された無能」、手段と目的とが逆転してしまう「目的の転移」、成果が上がらなくても規則を守ったという言い訳である「規則への『過同調』」、不必要な手続きが多く非効率に陥りやすい「繁文縟礼」、全体を見ない部分的最低限度の追求である「派閥主義」など、多様な問題点が指摘されています。

　以上は一般的に、"お役所仕事"として揶揄されることが多々あります。「サービス精神がない」「融通が聞かない」「機械的だ」などの批判は、官僚制そのものの性質から最低限度の作業のみをする、「最低許容行動」が引き起こるからです。

　最後に、官僚制はほかの組織構造と比べ、人間に対し非人格的で機械的な支配を前提にします。やはり、そこに無理が生じてしまうことは容易に想定できます。今日、組織を「意思がある生き物」として再認識することが求められているのかもしれません。

演習問題

① 身近にある組織を「公式組織」と「非公式組織」に分類してみましょう。また、なぜ「公式組織」なのか、「非公式組織」なのか、その理由も考えてみましょう。

② "想定外の頻度" が多い業界・業種・職種、少ない業界・業種・職種をあげ、それぞれその理由を考えてみましょう。

③「ピラミッド組織」と「フラット組織」以外にも多様な組織構造があります。ほかの組織構造を調べ、それぞれのメリット、デメリットをあげてみましょう。

★さらなる学びのためのブックガイド★

●中條秀治（1998）『組織の概念』文眞堂
組織という一分野について、とても詳しく丁寧に説明されています。多少、難しい表現もありますが、組織論のなかで重要な概念をしっかりと扱っています。

●C. I. バーナード（山本安次郎・田杉競・飯野春樹訳）（1968）『新訳　経営者の役割』ダイヤモンド社
組織を学ぶうえで必ず読む必要がある一冊です。少なくとも10回は読んでみてください。毎回新しい発見があり、「違う本を読んでいるのではないか」という思いを持ちます。

●H. A. サイモン（二村敏子・桑田耕太郎・高尾義明・西脇暢子・高柳美香訳）（2009）『新版　経営行動―経営組織における意思決定過程の研究―』ダイヤモンド社
上記のバーナードの本を読んだ後に読んでみてください。サイモンは、バーナードの理論を基礎としながらも、「意思決定の科学」の側面を発展させました。人間的なバーナード、機械（システム）的なサイモンの違いを比べながら組織について吟味してください。

Business
Administration

第10章
モチベーションとキャリア・マネジメント

●本章の概要

　経営学においては、組織運営から大きな成果を得るために、どのようにしたら、従業員である「人」がうまく（＝たくさん、一生懸命、効率的に）働いてくれるかどうかが、研究されてきました。

　「人」が働くとは、個人がどのように考え、いかに行動するかを取り扱うことですから、その研究領域は本来的には経営学にとどまらず、心理学や哲学など、人の心を扱う広大な学問分野です。本章においては、組織運営をうまく行うために、これら個々のメンバーの行動原理に焦点を当てています。

　そこで、組織における構成員を分析する際に最も重要になるのが、組織のリーダーや経営者が各構成員をどのように待遇すると、メンバーの「やる気」を引き起こすことができるのかということです。こうした「動機づけ」を研究したものを「モチベーション理論」と呼び、「やる気」を失わせることの原因分析も含まれます。

　こうした分析と研究は、組織のリーダーや経営者のみに役立つわけではなく、これを学ぶ組織の一員としての私たちにとっても、「やる気」を引き出すための方法論として示唆に富むものといえましょう。

●キーワード

- [ ] 内発的動機づけと外発的動機づけ
- [ ] 欲求階層説
- [ ] XY 理論
- [ ] 二要因理論
- [ ] 期待理論
- [ ] キャリア・アンカーとキャリア・サバイバル

1 働くことの意義

1 ── 仕事に対する満足と報酬

❶ 仕事に対する満足

　序章でも述べられていますが、経営学は企業経営における「正しいことを上手に行う」ための考え方や方法を学ぶものです。そのなかでは企業を運営するための経営資源（ヒト・モノ・カネ・情報等）をいかに効率的に配分していくかが重要になります。ヒトとは、組織の構成員や従業員にあたりますが、これらの経営資源をうまく効率的に活用することが、組織を繁栄させ、活性化させることにつながります。それでは、組織を繁栄させ活性化させるためには、「人」をどのように扱い、処遇すべきでしょうか。ここでは、「人はなぜ働くのか」ということを考えながら、仕事に対する満足と報酬の関係を考えてみましょう。

　みなさんはもしも今、宝くじで10億円が当たったらどうしますか。仕事に就くことをやめて趣味や遊びに明け暮れたいと思うでしょうか。それとも、お金はありがたく貯金をし、仕事を続けたいと思うでしょうか。

　アルバイトであっても、正社員であっても、仕事を続けていくうえで、「今日は休みたいなぁ」「旅行に行きたいなぁ」「気の合わない同僚に会いたくないなぁ」など、誰しもがそのようなことを一度は考えたことがあると思います。仕事は義務であり、しなければならないものであるからと思いながら、毎日出勤・出社している人も多いのではないでしょうか。仮に高額の宝くじに当選したとすると、働くことが嫌であれば、金銭的な面において仕事を辞めることに問題はないかもしれません。

　しかしながら、仕事は生活費を稼ぐ手段ということのほかに、多様な側面を有しています。例えば、仕事それ自体が好きな人はどうでしょうか。仕事を通じて満足を得て、さらに生活費を稼ぐ目的も果たしています。これほど素晴らしく、一石二鳥なことはありません。また、働くことを社会に対する貢献と考え、その活動をすることが自分なりの社会参画であり、誇りでもあると考えら

れれば、仕事をすることが満足につながります。さらに、仕事をすることは、社会との接点を持ち、人と関わることであると考えたならば、孤独を嫌う人にとっては仕事自体が満足を得られる行為となるのではないでしょうか。このように仕事は、金銭という報酬を得るための手段という一面だけでなく、各人の価値観によって満足をつくり出す生きがいともいえるものなのです。

❷ 仕事に対する報酬

　私たち人間は社会的な存在であり、多かれ少なかれ相互依存しながら生活を営む以上、そこには何かしら「仕事」が存在し、自分のできることと引き換えに報酬を得るのです。ですから、苦労や苦痛を味わいながらした仕事で報酬を受けるよりも、そもそも好きなこと、得意なことに基づいた仕事により得た報酬の方が満足度は高そうです。そうであれば、仕事と好きなことの距離が近ければ近いほど満足度も高いということがいえるのではないでしょうか。

　よって、組織においては、人という経営資源を最大限に活用するために、仕事と満足、報酬という三者の関係性に細心の注意を払いながら、最大公約数を探すことが重要なのです。経営者は、従業員のために仕事と個人の気持ちの関係を考えるとともに、適切な報酬を支払う必要が生じます。それらによって、従業員にやる気を起こさせ、より良い仕事をしてもらうことで会社の経営が向上するのです。人間はロボットではありませんから、満足度を高めるための万能策というものはありません。個々の会社において、その都度、仕事と従業員の満足度を勘案しながら報酬を決めていくよりほかはありません。

　このように、組織の構成員の行動や考え方に注目し、個人の行いと組織に共通して発生する事象に焦点を当てることが、企業の利益最大化につながると考えるこの学問領域を、**組織行動論**や**ミクロ組織論**といいます。

2 ── 内発的・外発的動機づけ

❶ 内発的動機づけ

　内発的動機づけとは、金銭や他者からの称賛などとは関係なく、自発的な行

動をすること自体が目的となっている動機づけをいいます。例えば、絵を描くことが好きな人が、誰から指図されたわけでもなく、描きたいから描くというように、その人の内側にある知的好奇心や楽しい・おもしろいといった思いから絵を描いている状態を指します。よって、他者からの評価を気にすることもなく、気ままに描くことによって、自分らしさを表現でき、かつ楽しいのです。また、図10－1にあるように、「外国人と話したい！」という思いから自ら英語を勉強する場合なども同様です。

　仕事において内発的動機づけが喚起されている場合、やりがいや社会的意義を感じるため満足度としては高くなりますが、すべての人がそのように内発的動機づけが喚起される仕事を持てるかどうかはわかりません。しかしながら、学生のみなさんは職業研究や自己分析をしながら、そのギャップを埋める努力をすることは重要です。

　また経営者も、個々の従業員の内発的動機づけを勘案しながら仕事を割り振っていくことが、会社の強みにつながっていきます。経営者は、仕事を通じて各人における内発的動機づけが喚起されるように制度や仕組みを調整する必要があるのです。

❷ 外発的動機づけ

　外発的動機づけは、何らかの行動に対する外的報酬がその行動をする目的となる動機づけをいいます。例えば、給料は典型的な外的報酬といえます。この場合、英語を勉強するという行為においては、英語自体が好きな人の勉強は内発的動機づけに基づくものになりますが、「英検１級を取得すると資格手当と

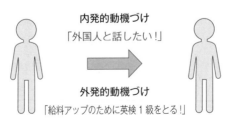

図10－1　内発的動機づけと外発的動機づけ

して月々の給料がアップする」というように、その報酬を得るために英語学習をしているという人は、英語の勉強自体が外発的動機づけに基づくものになります（図10-1）。さらに、明らかに避けたいこと、具体的には懲罰なども外発的動機づけになります。例えば、宿題をするという行為において、それをする理由が学校の廊下で立たされたくないというものであった場合、これは宿題をしたいと思ってしているのではなく、廊下に立たされるという罰を受けたくないという外発的動機づけがあってのことだといえます。

❸ 内発的動機づけと外発的動機づけの強さ

　個人にとっての内発的動機づけと外発的動機づけの強さを比較すると、内発的動機づけに基づく満足度は外発的動機づけに比べて大きく、持続するものだと考えられています。同期のなかでの出世トップを目指して仕事を頑張っている人が、実際に出世競争で勝った途端に仕事のやる気が停滞するというような例もあります。仕事自体に魅力を感じ、やりがいを得ていれば、出世競争でのトップは副次的なご褒美と感じ、その先にある大きな仕事に楽しくチャレンジすることができるはずです。つまり、外発的動機づけはそれを行うための外的報酬を得てしまうと消えることがあるのに対して、内発的動機づけは持続していくものなのです。

　外発的動機づけが金銭や賞賛、名誉といったものに基づいているのに対して、内発的動機づけとは文字通り、心の内から湧き出る「好き」という気持ちや「やりたい」という思いに基づいています。企業が従業員に対して、内発的動機づけが喚起されるような仕事を割り振ることで、その会社の発展につながっていきますが、外発的動機づけは内発的動機づけを得ることを強化する手段として有効です。仕事自体が楽しく感じられるような会社の枠組みをつくり、やる気を高める仕事を増やせば、外発的動機づけとの相乗効果により、従業員は楽しく、そして満足して仕事ができるようになると考えられています。これをエンハンシング効果と呼びます。その一方で、外的報酬を与え続けるとその外発的動機づけがなくなった途端に、それまでの内発的動機づけまで低下してしまうという現象もあり、これはアンダーマイニング効果と呼ばれています。

2 さまざまなモチベーション理論 ————————————•

　前節では、働くことの意義を仕事に対する満足と動機づけ（内発的・外発的）の関係からみてきました。本節では仕事に対する動機づけがどのようになされるのかという、モチベーション理論を学習します。具体的には、人がアクションを起こす際に、それがどのような欲求に基づき、そしてどのようなプロセスで動機づけられるのかについて学習します。欲求の内容に比重を置いたモチベーション理論を「内容理論」と呼び、欲求の成就のプロセスに重きを置いた理論は「過程理論」と総称されます。本節で学ぶマズロー（Maslow, A. H.）やマクレガー（McGregor, D.）、ハーズバーグ（Herzberg, F.）によるモチベーション理論が内容理論であり、ブルーム（Vroom, V. H.）による理論は過程理論に分類されます。

1 —— 欲求階層説

❶ マズローの仮説

　マズローはアメリカの心理学者で、人間の欲求は５段階の階層状となっており、それは下位の低次欲求から最高位の欲求まで階段状に構成されていると説きました（図10-2）。本来は人間行動に関する仮説ですが、人間の欲求は低次のものからより高次のものへと上昇していくというこの理論では、人間の行

図10-2　マズローの欲求階層

動は欲求を解消するプロセスの積み重ねであることを説いています。そして、マズローの欲求階層説は、「**人は自己実現を志向する存在である**」という考え方が根底にあります。

❷ 5つの欲求階層

◆生理的欲求

お腹が空いたのでご飯を食べたい、眠たいので寝たいなど、原始的で人間が生きていくうえで根源的な欲求を指します。おいしい料理を食べたいとか、快適な羽毛布団で寝たいというレベルではなく、生存上欠くことができない生理的な欲求を満たすことを要求するものです。赤ちゃんはお腹が空けば泣きますし、眠たければぐずります。この欲求はこうしたレベルを指します。

◆安全欲求

安全に生活したいと思う欲求を指します。人間は食料と睡眠に関わる生理的欲求を満たしたあと、気にかかるのは自身を取り巻く環境状況です。その場所が戦争や紛争状態で治安が著しく悪かったり、道徳や宗教上の差異から当人にとっては不安に思う場所であったり、自分の健康に悪影響があるような場所には住みたくないものです。紛争地から逃れて難民になる人も、思想上の理由から故郷を脱出する人も、この安全欲求を満たすためにそうした行動を取るのです。

◆親和欲求（社会的欲求）

どこかに属していたい、他者から愛されたいという欲求を指します。みなさんは自己紹介を頼まれたとき、私は○○大学の者ですとか、△△会社の者ですと言うことがありませんか。人は社会的な存在であり、基本的に独りでいることを好みません。よって、低次欲求としての衣食住が足りると、自己の所属についての欲求や他者から愛されたいといった欲求が高まるのです。

◆承認欲求（尊厳欲求）

周囲から褒められたい、評価されたいという欲求を指します。例えば、良い会社、良い大学に入っただけで人は満ち足りるでしょうか。人はさらに欲求のレベルを高め、所属場所で自分の活躍を認めてもらいたいという思いを持ちま

す。訪れたすてきな場所やレストランでのおいしい食事をSNSで紹介するのは、仲間からの承認を求めている行動だと理解されます。

◆自己実現欲求

　自己の潜在的な能力を高めて最大限に生かしたい、自分の夢をかなえたいといった欲求を指します。衣食住が足りて、所属先でも活躍し、周囲の人から評価されているというのは、とても心地良く、自分自身が頑張ってきた証でもあります。しかし、人間は飽くなき向上心を持つのです。そのなかで、損得の感情を超えて、自分らしく生きるということが本人の最大の願望になるのです。

　以上のうち、生理的欲求から承認欲求までが「不足しているものがほしい」という「欠乏欲求」であり、自己実現欲求は「自分らしくありたい」と願う「存在欲求」と呼ばれます。動機の源泉である欲求の構成を明らかにしたという点で、この階層説は代表的なモチベーション理論として経営の現場で広く活用されています。

2 ── XY理論

❶ XY理論の前提

　XY理論はアメリカの心理学者**マクレガー**により提唱された動機づけに関する理論です。「人間は生まれながらにして怠惰な性質ゆえに、これを管理し統制することで組織はうまく運営されるのだ」というX理論と、「人間は環境と条件次第で、自らの責任を果たし向上したいと願うものだ」というY理論から成り立ちます（図10- 3）。マズローの欲求階層説を基礎とし、X理論は生理的欲求や安全欲求を、Y理論は承認欲求や自己実現欲求を論拠としています。

図10- 3　マクレガーのXY理論に基づく人間観

❷ 経営への応用

　現代社会では多くの国で、生理的欲求や安全欲求がある程度まで実現しているといえるでしょう。そうした場合には、Ｘ理論にのっとり、従業員を罰や命令で管理・統制しながら仕事を与えるよりも、Ｙ理論によって、従業員の承認欲求を満たし、各個人が自己実現を図りながら職務を遂行できるような仕組みをつくることが重要だといえます。具体的には、従業員の積極的な参加を促すために、職務の拡大や充実を図り、従業員による目標管理・設定の制度を浸透させることで、従業員の満足度を高めながら、会社経営を向上させていくという方法がとられます。しかしながら、Ｘ理論とＹ理論を比較して、後者のみを経営へ導入しようとしてもうまくいきません。なぜなら、例えば、緊急事態においての統制を従業員の自由に任せるのは合理的ではありません。つまり、経営の実際の状況に応じてＸ理論とＹ理論を組み合わせて活用する必要があるのです。

3 ── 二要因理論

❶ 二要因理論とは

　ハーズバーグにより提唱されたこの理論は、別名「動機づけ・衛生理論」と呼ばれます。動機づけ要因は従業員にやる気を起こさせ、積極的に仕事に従事することを喚起する要因のことをいい（仕事自体の魅力や責任を果たしたことに対する承認、やりがいの付加など）、衛生要因はそれが不足すると職務不安を起こし、仕事に対するやる気を低下させてしまう要因をいいます（会社の管

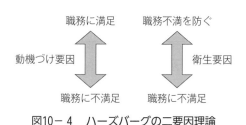

図10-４　ハーズバーグの二要因理論

理手法や報酬、作業条件に関わる不満など）（図10－4）。この理論は、人間には第一に苦痛を避け、楽をしたいという根源的・生理的な欲求と、第二に動物とは異なる万物の霊長類としての本質的な成長・向上への欲求という、異なる欲求が並列的に存在するのだという仮定から成り立っています。

❷ 二要因の関係性

　この二要因はまったく独立したものであり、衛生要因が解消されたとしても、そのことが動機づけ要因を高めることにはつながらず、その逆に動機づけ要因が低下したとしても、それにより衛生要因が増加するということにもなりません。つまり、経営者は従業員の不満足な要因である衛生要因を取り除く努力をしながら、他方で、満足要因である動機づけ要因を増やす取り組みを実施しなければならないということです。動機づけ要因は長期的な効果を持つのに対して、衛生要因は短期間のモチベーション効果しかないため、外的報酬にのみ頼ることを避け、仕事自体の魅力を高めていくことが経営者には求められているといえます。

4 ── 期待理論

❶ 合理的人間観を基礎

　これまでの動機づけ理論のなかで、外的報酬としての金銭面に強く焦点を当てたのがアメリカの心理学者**ブルーム**です。ブルームは「人間は功利的な存在である」という観点から出発し、近代経済学と同様に合理的人間観を採用しました。そして、人間が働く理由は、個人の努力が一定の成果を生み、その成果が報酬を決め、その報酬に対する満足を得られるからであると説きました（図10－5）。つまり、従業員の仕事に対する目的は、ある一定の報酬を期待して、それに相応しい業績を上げるために仕事をする、そしてその報酬を得て、一定の満足を得ることであるということです。

E(=Effort)、P(=Performance)、O(=Outcome)、G(=Goal)

図10－5　ブルームの期待理論

出典：榊原清則(2002)『経営学入門（上）』日本経済新聞出版社　p.59を一部改変

❷ 数量化モデルとしての期待理論

　ブルームのこの理論は、「仕事の頑張りから得られる成果への期待×仕事の成果から得られる報酬への期待×報酬から得られる目的達成への誘意性＝目的達成へ向けた動機の強さ」という等式で表せます。この等式を図示すると図10－5のようになります。人間が意欲的に働くためには、仕事の頑張りによって一定の成果を生むことが予期されること、その成果が良い報酬をもたらす期待が持てること、そして、得られる報酬が自分の働く目的に合致するという一連の流れを、個々の従業員が意識できることが必要となります。つまり、自己の頑張りからどのような成果が得られるか、その成果からどれくらいの報酬が得られるかという心理的過程が、動機を左右するということになるのです。

3　組織内におけるキャリア

1　キャリアの重要性

❶ 組織と従業員におけるキャリアの捉え方

　組織の構成員である従業員は、組織から求められる職務と役割に応じて自己のキャリアを成長させていくと同時に、自らの生き方や生きがいを模索しながら、自分らしく生きるためのキャリアを構築していきます。キャリアにはさまざまな捉え方がありますが、ここでは「仕事や経歴の積み重ね」という意味で用います。企業はビジネス環境の変化に応じて、従業員に求める職務と役割を

与える一方で、こうした従業員が会社とは別に自律的に生きていけるようにするキャリア形成を支援する必要があります。現在は会社がその従業員を定年まで雇用する体力の保持が難しい時代であり、従業員の生涯のキャリアを保証できません。この意味において、会社が従業員の自律的なキャリア形成を支援することが重要になっています。

❷ 外的キャリアと内的キャリア

　外的キャリアとは、履歴書に職務経歴として記載する事項を指し、資格や検定の取得歴や、どのような会社でどういった仕事をしてきたかなど、キャリアを築くなかで獲得してきた事項のことをいいます。これに対して内的キャリアとは、自身が築いてきたキャリアのなかから生まれてきた職業観や生きがい、考え方などのキャリアの内的志向性を指します。経営者は従業員のモチベーション維持のために、個人の外的キャリアと内的キャリアの方向性を同じにしていくことが求められます。つまり、理想的には、経営者は既存の業務や職務分掌を、従業員の得意なこと、やりたいことにマッチングをさせる努力が必要であるということです。

2 ── 組織内キャリア発達段階

❶ シャインのキャリア・サイクル

　アメリカの組織心理学者である**シャイン**（Schein, E. H.）は、組織内キャリア発達のモデルとして**キャリア・サイクル**という概念を提唱しました。これは組織内キャリアにおける発達段階と発達課題を表したもので、職業人としての発達を段階的に積み重ねていくプロセスを明示したものです。

❷ 組織内キャリア発達段階

　シャインはキャリア・サイクルを基礎として、組織と個人のキャリアをめぐり、組織構成員の発達段階を9段階に分けました。また、各段階に対応する発達課題を明らかにしました（表10-1）。このモデルにおいては、人がそれぞ

表10－1　シャインのキャリア発達段階

	発達段階	発達課題
1	成長・空想・探索期 （～21歳ごろ）	職業選択のための基準を模索・設定する
2	仕事の世界へのエントリー期 （16歳～25歳ごろ）	組織の構成員となる
3	基本訓練期 （16歳～25歳ごろ）	仕事における現実（自分の無力感）に直面し、そのショックに対処する
4	キャリア初期の正社員資格 （17歳～30歳ごろ）	責任を担い、任務遂行の義務を果たす
5	キャリア中期の正社員資格 （25歳以降）	専門を選択して、自己の方向性を模索する
6	キャリア中期の危機 （35歳～45歳ごろ）	自己のキャリアの再評価と、方向転換または現状維持を決定する
7	キャリア後期 （40歳～引退まで）	キャリア後期は、非指導者と指導者に分かれる。非指導者は、経験に基づく助言者になることが要求される。指導者は、自分の技術と才能を役立て、部下の育成などでその責任を果たす
8	衰えおよび離脱期 （40歳～引退まで）	責任や権限の低下を受容する
9	引退	ライフスタイルや生活水準における大幅な変化に対応する

れの階層を経るなかで、社会の構成要員として基礎を固め、職業人として段階的にキャリアが蓄積されていく過程が表現されています。自分がどの発達段階にあるのか、その時点において社会から期待される役割、責任は何であるかを意識することが重要であると説明されています。

　また、シャインはキャリア発達段階に併せて、私たちが生活する領域を、①生物学的・社会的サイクル、②家族関係におけるサイクル、③仕事・キャリアにおけるサイクルに３分割して示すことで、組織と人の活動が相互に作用しながら循環することを明らかにしました。人が生涯のなかで生活する領域を区分することで、目標とすべき課題を示そうとしたのです。

Column

キャリア・アンカーとキャリア・サバイバル

1. キャリア・アンカーとは

　「**キャリア・アンカー**」とは、前述のシャインが考案したキャリア概念です。アンカーとは文字通り、船舶の「錨（いかり）」を意味します。人は人生という大海原に出帆し、さまざまな経験をしますが、その都度に立ち寄る寄港地において一時停泊し、錨を下ろしながら自身の人生を振り返り、自己を見つめ直します。そして、これまで航海してきた「来し方行く末」を考えてみると、そこには、いつも変わらぬ自己の価値観や職業観、やりがいといった、自分のあり方を決定付ける座標軸のような「重し」があることに気付きます。この「重し」こそがシャインのいうキャリア・アンカーと呼ばれるものです。キャリア・アンカーは、自己を取り巻く環境が変わっても、個人が決して失わないその人の仕事に対するセルフ・イメージです。シャインはこのアンカーの種類を、「**管理能力**」「**技術的・機能的能力**」「**安全性**」「**創造性**」「**自律と独立**」「**奉仕・社会献身**」「**純粋な挑戦**」「**ワーク・ライフバランス**」の8つに分類しました。

2. キャリア・サバイバルについて

　また、シャインは「**キャリア・サバイバル**」というキャリア概念を提唱しました。これは、「**職務と役割の戦略的プランニング**」ともいいます。「キャリア・アンカー」が個人の職業に対するニーズであるのに対して、「キャリア・サバイバル」は「**組織のニーズ**」を明らかにします。社会と環境が個人に対してどのようなことを望んでいるのかという、外からの内なる組織構成員への要求事項であるともいえましょう。人は自己の「キャリア・アンカー」を大切にすることと同時に、社会から何を要求されているのかという「キャリア・サバイバル」を見極め、絶妙なバランスを取ることが要請されているということです。

　「職務と役割の戦略的プランニング」は、具体的には、①現在の職務と役割を棚卸、②環境変化の識別、③環境変化の利害関係者に対するアセスメント、④職務と役割への影響確認、⑤職務要件の見直し、⑥プランニング・エクササイズの拡大、という順番で計画します。個人ニーズと組織ニーズをうまくマッチングさせることが成功するキャリア形成であるということです。

演習問題

①マズローの欲求階層説は低次欲求を満たしてから高次欲求へと昇華します。それでは、衣食住に欠乏し困窮・困難にある人は高次欲求を満たすことは難しいのでしょうか。考えてみましょう。

②自分が仕事をする際に動機づけられる事項と、やる気がそがれてしまうような事項を、それぞれ具体的な理由とともにあげてみましょう。

③自分のキャリア・アンカーは何か、そしてそのアンカーは社会で役立ったり、需要があるものなのかどうか考えてみましょう。

★さらなる学びのためのブックガイド★

●DIAMONDハーバード・ビジネス・レビュー編集部編訳 (2009)『動機づける力(新版)―モチベーションの理論と実践―』ダイヤモンド社
動機づけ理論の基礎に最新理論を加え、「やる気」を引き出す論理が解説されています。動機が強化される構造を分析し、どのようにすれば効果的に「やる気」が引き起こされるのか、どのように実践すべきかという心理的メカニズムが明らかにされています。

●池田光編、NTTラーニングシステム㈱・栗原晴生・滝本泰士・永屋義行 (2008)『図解 きほんからわかる「モチベーション」理論』イースト・プレス
数々のモチベーション理論を紹介し、わかりやすく解説しています。モチベーション理論の歴史を解き明かし、そのメカニズムを分析することで、モチベーションが管理可能であることを明らかにしています。基本から高度な内容まで網羅されています。

●E. H. シャイン(金井壽宏訳) (2003)『キャリア・アンカー―自分のほんとうの価値を発見しよう―』白桃書房
より良いキャリアを構築するためのアンカーとは何か、自己分析に最適な一冊です。学生が就職活動を進める前に読む本として大変に役に立つと思います。読了すれば、自分の現在位置を確認し、自身の将来を定めるにあたって重要な発見があることでしょう。

●二村敏子 (2004)『現代ミクロ組織論―その発展と課題―』有斐閣
これまでの組織行動理論の整理、新理論の紹介、現実への対応が解説されています。組織という社会有機体がどのような原理原則に基づいて動くのか、そして、そこで働く組織構成員はいかにして現代の不確実な雇用環境のなかで対応すべきなのかについて詳細に解説されています。

●開本浩矢 (2014)『入門組織行動論（第2版）』中央経済社
人がどのように動機づけられ行動するのか、行動組織論の基礎知識がよく理解できます。人は合理的に行動する側面と説明不可能な行動をする側面を併せ持ちます。本書を読めば、そのような人の集まりである組織の行動原則が理解できるようになるでしょう。

Business
Administration

第11章
リーダーシップ

●本章の概要

　みなさんは、これまでに何らかのリーダーになったことがあるでしょうか？　「自分にはリーダーシップなんかないのに…」と悩まれたこともあるかもしれません。リーダーになったことがない方も、リーダーシップという言葉は聞いたことがあると思います。では、リーダーシップとはどのようなものでしょうか？　どうなっていれば「リーダーシップがある」といえるでしょうか？また、リーダーだからリーダーシップがあるのでしょうか？

　本章では、リーダーシップ研究の源流から最近の研究までを紹介しながら、リーダーシップがどのように捉えられてきたのかを学んでいきます。そして、リーダーシップとはどのようなものか、リーダーの役割との関係についてもふれながら明らかにしていきたいと思います。また、時代の流れとともに求められるリーダーシップが変化してきたことについても解説します。なぜ変化してきたのか、現代に求められるリーダーシップとはどのようなものかについて、理解を深めていただければと思います。

　多くのビジネスパーソンも高い関心を持つトピックである「リーダーシップ」について学んでいきましょう。

●キーワード

□ リーダーの役割
□ リーダーシップの特性論と行動論
□ リーダーシップ概念の変遷
□ 変革型リーダーシップ
□ オーセンティック・リーダーシップ

1 リーダーシップ概論 ●————————————————————

1 ── リーダーシップとは

リーダーシップという言葉は日常的に使われます。例えば「あの人はとても
リーダーシップがある」「リーダーになったけれど、私にはリーダーシップが
ない」といったように、みなさんも一度は口にしたことがあるかもしれません。
さて、それではみなさんが日常的に使っているリーダーシップとはどのような
ものでしょうか。

改めて問われるとはっきりと答えることは難しいと思います。それは、多く
の経営学者にとっても同様で、今まで実にさまざまな定義がされてきました。
リーダーシップは多様なニュアンスを持った言葉であり、一意に定義すること
は難しいのです。しかし、多様な定義のなかに類似した要素があります。それ
は、「**人が付いてくる、付いてこさせる**」という点にリーダーシップの本質的
な要素があるようだ、ということです。

実は、リーダーシップの概念は1つではありません。「○○・リーダーシップ」
という言葉が、本章だけでもいくつも出てきます。それは、**何によって、また
どういう方向**に「人が付いてくる、付いてこさせる」のか、その着目する点が
異なるからです。ここではひとまず、リーダーシップを「**人が付いてくる、付
いてこさせる態度や行動の一定のパターン**」であると広く捉えて、話を進めて
いきたいと思います。近年、リーダーシップを属人的なものとして捉えない見
方も論じられていますが、それについては、のちほどふれていきたいと思います。

2 ── リーダーシップ研究の流れ

❶ リーダーの役割とリーダーシップ

さて、リーダーシップ研究の本題に入る前に、言葉の意味と関係を整理して
おきたいと思います。

　リーダーシップの本質的な要素として、「人が付いてくる、付いてこさせる」ということをあげました。ここから、ポジションとしてのリーダーとリーダーシップは弁別される（分けて考えることができる）ということがわかります。つまり、リーダーシップがあるフォロワー（リーダーに付いていく人）もいれば、リーダーシップがないリーダーもいるということです。では、リーダーの役割とは何でしょうか。

　「リーダーシップがあろうがなかろうが、集団を率いるリーダーの役割は外、上、下の三方向にある」[1] といわれています。まず、リーダーは、その集団を代表して集団の外の世界に働きかける役割があります。例えば、他の集団と交渉したり協力関係を結んだりするときに、リーダーは集団の代表として、集団全体の意思を伝えなければなりません。次に、会社の課長には上司となる部長がいるように、組織内での１つの集団のリーダーである場合、より上位の集団とのパイプ役としての役割がリーダーにはあります。上位集団からの働きかけを受け止めたり、また自集団の代表として上位に意見を伝えたりする役割です。最後に、自分の集団に付いてきてもらい、集団をまとめていくという役割があります。これがリーダーとして本質的な要素であり、リーダーシップが必要とされる役割でもあります。逆に言えば、外や上に向けた役割においては、リーダーシップはあまり必要とされないということです。

　このように、リーダーだからといってリーダーシップがあるとは限らないように、リーダーシップがあるからといって必ずしもリーダーとしての役割を全うできるとは限りません。しかし、それでもリーダーシップは重要です。それは、やはりリーダーにとって最も大切なことは、「人が付いてくる、付いてこさせる」ことにあるからです。

❷ リーダーシップ研究の変遷

　リーダーシップ研究は、「優れたリーダーとはどのような人物か」という問いを出発点としています。そこに着目して、リーダーの特性や行動を明らかにしようとする研究やリーダーが力を発揮できる環境についての研究が行われてきました。そして、時代が進むにつれて、「人が付いてくる、付いてこさせる、

とはどういうことか」という点に、より焦点が当てられるようになってきました。例えば、共有リーダーシップ（Shared Leadership）に関する研究が近年注目されつつあります。共有リーダーシップとは簡単に言えば、複数の個人によってシェア（共有）されるリーダーシップのことです。このように、必ずしもリーダーシップが個人に付属したものではないと考えられるようになったことは、研究上の関心が変化してきたことを示唆しています。

つまり、リーダーシップの研究は、誤解を恐れずに言えば、大まかに「優れたリーダーとはどのような人物か」という問いに関連する一群と、「人が付いてくる、付いてこさせる、とはどういうことか」という問いに関連する一群に大別できると考えられるでしょう。

本書では、まず前者に該当する研究として、リーダーシップの特性論と行動論、およびコンティンジェンシー理論を取り上げたいと思います。これらの研究群は、初期のリーダーシップ研究として、その後の研究の基盤となり方向性を示したといえます。こうした研究を礎として、またそれらへの批判的検討から、リーダーシップ研究は進展してきました。

後者に該当する研究として、変革型リーダーシップ、倫理的リーダーシップ、オーセンティック・リーダーシップを取り上げたいと思います。これらは、いずれも代表的なリーダーシップ概念とされています。また、リーダーシップ概念は時代時代の関心を色濃く反映しており、各時代背景とともに理解することが重要となるでしょう。その点についても本書ではふれていきたいと思います。

2　リーダーシップ研究の源流

1 ── リーダーの特性理論

リーダーシップの初期の研究は、リーダーになる人に特有の能力や資質、パーソナリティ特性があるのではないかという仮定のもと、それらを明らかにしようとするものでした。このような考え方は**特性理論アプローチ**として知られて

います。

　特性とは、誠意や自信、知性といった内面的なものだけでなく、容姿や声の大きさといった身体的特性、また学歴や出身階層といった社会的特性など多岐にわたります。こうした点について、優れたリーダーとなる人物の共通の特性を探索する試みが多くなされました。

　しかし、さまざまな研究の結果、現在では特性理論はその有効性が否定されています。その理由の一つとしては、有能なリーダーに一貫した共通の特性を見いだすことができなかったことにあります。また、いくつかの特性を有していても必ずしも有能なリーダーとなれるわけではなく、組織が一貫して良好なパフォーマンスを発揮するわけでもないことが明らかとなりました。これらの結果から、特性理論の仮定（優れたリーダーには共通した特性があるはずだ）という考え方は棄却されたのです。

　こうして、リーダーシップ研究は、リーダーの特性ではなく、リーダーとして望ましい**行動**を探求する方向へと移り変わっていきました。

2 ── リーダーの行動理論

　特性理論から行動理論への移行は、注目するポイントが変わっただけのように感じるかもしれませんが、リーダーシップというものの捉え方そのものが変わったといえます。特性理論では、「リーダーシップとは天賦の才によって規定されているものであり、それが何かを明らかにすることで、適切なリーダーを選ぶことができる」という考え方でした。一方、行動理論は、「特定の行動をしていることがリーダーシップを発揮していることになる」という考え方です。つまり、一定の行動様式を身に付けることで、リーダーシップを発揮できるようになると考えているのです。

　本書では、リーダーシップ研究の行動理論のなかでも特に有名なアイオワ大学の研究、オハイオ州立大学の研究、ミシガン大学の研究を取り上げ、行動理論とはどのようなものか解説したいと思います。

❶ アイオワ大学の研究

　アイオワ大学の研究は、リーダーシップ行動に関する初期の研究の一つで、その特徴は、リーダーの行動を専制型、民主型、放任型の３類型に区分した点にあります。**専制型**とは、リーダーのみで判断を行う（フォロワーへの相談などもしない、もしくは少ない）、フォロワーに作業手順を指示する、といった行動によって特徴付けられる類型です。**民主型**はそれとは反対に、意思決定にフォロワーの参加を求める、権限を委譲し作業手順や目標設定をフォロワーとともに考える、フィードバックの機会を持つ、といった行動によって特徴付けられます。最後に**放任型**とは、意思決定も作業手順や目標の設定も、素材は渡すものの、基本的にはフォロワーに任せる、質問には答える、といった行動によって特徴付けられます。このようにリーダーの行動から３つの類型をつくり、その類型のなかで最も効果的なものはどれなのかが探られました。研究が進められていくうちに、専制型や民主型に比べて、放任型の成果は例外なく低くなることがわかってきた一方で、専制型と民主型でどちらの方がより効果的であるか、ということは不明確な結果になることが明らかになりました。

　アイオワ大学の研究では、有効なリーダー行動の類型を見つけるということがかなわなかったといえます。しかし、アイオワ大学の研究をベースとして、リーダー行動の研究は、いくつかの行動を類型化して捉えるという一定の様式のもとに進んでいくことになります。

❷ オハイオ州立大学の研究

　リーダーシップの行動理論のなかで、特に注目を集めてきた研究がオハイオ州立大学における研究（以下「オハイオ研究」）とミシガン大学における研究（以下「ミシガン研究」）です。両者はほぼ同時期に、類似したテーマで行われました。２つの研究の異なる点は、「リーダー自体を行動類型に合わせてタイプ分けしたかどうか」という点です。オハイオ研究では行動は類型化されましたが、リーダーはタイプ分けされませんでした。一方、ミシガン研究では、アイオワ大学の研究のように、行動類型に合わせてリーダーのタイプ分けが行われました。

　オハイオ研究では、リーダー行動を類型化するにあたって、1,000以上ある項目から多くの従業員が選び出すものに絞り込み、「構造づくり行動」と「配慮行動」という2類型を明らかにしました。

　構造づくり行動とは、端的に言うとタスク（作業）を進めることに関連する行動です。例えば、組織の目標を達成するために、職務設計を行ったりフォロワーに仕事を割り当てたり、タスクの進捗状況を確認するといった行動を指します。

　配慮行動とは、人間関係の構築、維持に関連する行動です。例えば、フォロワーの個人的な悩みや感情に耳を傾ける、フォロワー間の関係を取り持つ、フォロワーが求めていることを聞くといった行動を指します。

　オハイオ研究では、どちらかのタイプのリーダーがいるという想定ではなく、それぞれの行動類型の強弱が個々のリーダーのなかに存在すると考えました。そして、研究を進めていった結果、構造づくり行動も配慮行動もするリーダーは、どちらもしない、もしくはどちらかが弱いリーダーに比べて、フォロワーの職務成果や満足度が高くなることが明らかとなりました。

❸　ミシガン大学の研究

　一方のミシガン研究では、生産志向と従業員志向という2つの行動類型が提示され、生産志向の強いリーダー、従業員志向の強いリーダーというように、リーダーをタイプ分けしました。**生産志向**のリーダーは、組織としての目的、責務を効率的に果たすことに関心を持ち、生産的であるための行動を重視します。一方、**従業員志向**の強いリーダーは、対人関係を重視し、フォロワーの感情や個性に関心を持ち、フォロワーの福利を重視して行動します。

　ミシガン研究の最大の関心事は、どちらのリーダーがより良いリーダーであるかということでした。そこで実際に調査したところ、従業員志向のリーダーの方が、生産性や職務満足度の向上など成果につながることが明らかとなったのです。

　では、この結果から、「従業員志向の行動を取れば、常に良きリーダーである」といえるでしょうか。直感的に理解できるかと思いますが、そんなことはありません。オハイオ研究・ミシガン研究以降、リーダー行動をいくつかに類型化

した研究が行われましたが、あらゆる状況で一貫して有効な行動類型を実証的に見つけることは難しかったのです。

　そのため、その後、リーダー行動のみを扱うのではなく、状況との関係が論じられていくようになります。つまり、**状況によって適応的なリーダー行動というのは変わるのか、その状況の違いとはどのようなものか**、という点に関心が移っていったのです。

③ ── リーダーシップのコンティンジェンシー理論

　みなさんが初めての仕事に取り組むことになったときのことを想像してみましょう。そのときに、仕事のやり方の指示などが特になかったとしたら、どうでしょうか。逆に、仕事にだいぶ慣れてきたときに、仕事のやり方を事細かに指示されたとしたら、どうでしょうか。リーダー行動には、状況のときどきにおいて最適なものがあるといえそうです。このような前提のもとに発展してきたのが、リーダーシップの**コンティンジェンシー理論**（条件適応理論）です。本書では、代表的な理論であるSL理論について解説していきたいと思います。

　SL理論とは、状況対応型リーダーシップ理論（situational leadership theory）を短縮した表現であり、多くの支持を集める理論でもあります。SL理論の特徴は、状況要因としてフォロワーの準備性（readiness）に注目する点にあります。**フォロワーの準備性**は、フォロワーが**能力**と**意欲**の２つをどの程度持っているかということを意味しています。この２つの高低によって４つのステージを想定し、それぞれのステージでリーダー行動の有効性が異なると考えたのです。４つのステージとは、能力も意欲も低い第１段階、能力はあまり高くないが意欲は高い第２段階、能力は高いが飽きから意欲が低い第３段階、能力も意欲も充実している第４段階になります（図11−１）。

　SL理論では、リーダー行動をタスク志向行動と人間関係志向行動の２種類から捉えます[1]。準備性が低い第１段階（図11−１の右下の象限）では、仕

---

　[1]　構造づくり行動と配慮行動とほぼ同義に捉えてもらって構いません。

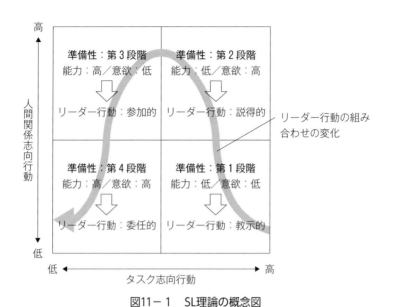

図11－ 1　SL理論の概念図

出典：P. ハーシィ・K. H. ブランチャード・D. E. ジョンソン（山本成二・山本あづさ
訳）(2000)『入門から応用へ 行動科学の展開［新版］―人的資源の活用―』生産
性出版　p.197をもとに筆者作成

事の進め方を徹底的に指導するといったタスク志向の行動が重要となります。
意欲が高まってくる一方で、能力的にはまだ不安が残る第2段階（図11－1の
右上の象限）では、タスク志向行動を徐々に減らしつつ、仕事でうまくできな
いことへの不安などに気を配るといった人間関係志向の行動が必要となってく
るでしょう。第3段階（図11－1の左上の象限）では、能力は十分に育ってい
る一方で、飽きによって意欲が低下しがちであると想定されます。そのため、
タスク志向行動は必要がなくなってくる一方で、引き続き、励ましなどは必要
になります。最後に、準備性が十分な第4段階（図11－1の左下の象限）にな
ると、フォロワーは自律的に職務を推進していけるため、基本的にはフォロワー
自身に任せる、ということになります。

3 リーダーシップ研究の本流 ————————•

　ここまで、初期のリーダーシップ研究として、リーダーシップの特性論と行動論、およびコンティンジェンシー理論について概観してきました。ここまでの議論は、先に述べたように、「優れたリーダーとはどのような人物か」という問いに答えようとする試みでした。そして、そこには、「組織や集団の目標達成のためにフォロワーから望ましい成果を引き出す」ということが念頭に置かれていました。しかし、リーダーには「組織や集団を変える」という側面もあります。それに対応する研究が、「人が付いてくる、付いてこさせる、とはどういうことか」という問いに答えようとする、近年のリーダーシップ研究なのです。ここでは先述のように、何によって、またどういう方向に「人が付いてくる、付いてこさせるのか」という観点から、近年のリーダーシップ研究を整理していきたいと思います。

1 —— 変革をもたらすリーダーシップ

　金井壽宏が述べているように、1980年代以降、企業や個人を取り巻く環境（競合関係や顧客の嗜好、技術的進歩、政治的緊張など）の変化は、例外ではなく常態化するようになっていきました[2]。特に、1970年代から80年代において、アメリカは経済的に後退しており[★2]、アメリカにおいて変革の必要性が強く叫ばれていました。こうした時代背景、環境変化の常態化と変革の希求に伴って注目されるようになったのが、変革型リーダーシップです。変革型リーダーシップは、ますます変化が激しく加速している現代においても有効とされ、注目され続けているリーダーシップ概念の一つです。

　変革型リーダーシップ（transformational leadership）とは、①カリスマ：

★2　詳しくは内閣府が公開している『世界経済白書』の1970年代から80年代を確認してみてください。

ビジョンやミッションを与え、誇りを引き出し、尊敬や信頼を得る、②インスピレーション：高い期待を伝え、力を集中させるためにシンボルを用いて、平易な方法で重要な目的を表現する、③知的刺激：知的な刺激、合理性、注意深い課題解決を促進する、④個々への関心：個別の注意を払い、従業員それぞれを一人の個人として尊重し、コーチングし、助言する、という4つによって特徴付けられるものです[3]。

バス（Bass, B. M.）によれば、リーダーシップの特性理論や行動理論では、組織目標を達成するうえで必要な行動や態度をフォロワーから引き出すためにリーダーは何かを行うという、交換関係を前提としていました。こうした交換によるリーダーシップを**交換型リーダーシップ**（transactional leadership）といいます。交換型リーダーシップでは、基本的に期待した行動や態度が引き出されることを目的としており、期待以上の行動や態度、成果が生まれることは想定されません。しかし、変革を目指すのであれば、フォロワーが期待通りに動くだけでは不十分です。環境が目まぐるしく変化する現代において、企業組織は、変化する環境に適応するために自身を変革していかなければ生き残っていけません。そうした場面では、どういう行動を取ればよいのか、何をすればよいのかという個別具体的な答えを誰も持っていないことも多いでしょう。大きなビジョンを示し、目指すべき未来を提示しながら、フォロワーそれぞれの期待以上の貢献を引き出すことが重要なのです。

変革型リーダーシップとは、変革に向かって人を導こうとするものです。そして、その方向へと、カリスマ、インスピレーション、知的刺激、個々への関心を用いて、人を導いていきます。どういった変革を目指すのかはカリスマで論じられているビジョンの提示によって決まります。それをふまえて考えれば、変革型リーダーシップにおいて、ビジョンの提示は非常に重要であると考えられるでしょう。

2 ── フォロワーの力を引き出すリーダーシップ

変革型リーダーシップは、多くの場面において有用なリーダーシップと見な

されています。しかし、変革型のカリスマ的なリーダーへの反省が近年語られるようになってきました。それは例えば、ナチス・ドイツにおけるヒトラーのような極端な事例や、ワールドコムやエンロンにおける不正[3]といった、強いリーダーシップが一因となって引き起こされた歪みを契機としています。社会においてリーダーが果たす道徳的・道義的な責任という点に、強い関心が向けられるようになったのです。高い生産性、業績の向上、イノベーションの実現が優秀なリーダーとされていた時代から、倫理観やモラルを備えたうえでフォロワーの幸福を実現させるリーダーが求められる時代になってきました。特定のリーダーによって、そのリーダーが指し示す方向に多くの人が付いていくということだけでよいのか。そうした反省が、以下に紹介するリーダーシップには反映されているのです。

❶ 倫理的リーダーシップ

倫理的リーダーシップは、「規範的に適切な行動を、リーダー自らの振る舞いと対人関係を通じて実施し、さらにその行動を、フォロワーとの双方向のコミュニケーションや懲罰、意思決定を通じてフォロワーに促す」ものと定義されます[4]。倫理的リーダーシップは、倫理的な特性に注目する場合も行動に注目する場合もあり、この両方を射程に含んでいます。倫理的な特性とは誠実性や信頼感、公正さのことであり、行動とはロールモデルとなる行動を示すことや非倫理的な振る舞いをするフォロワーへの懲罰などのことを指します。その意味で、倫理的リーダーシップは、交換型リーダーシップの要素を持っているといえるでしょう。

倫理的リーダーシップの最大の特徴は、模範の提示や交換によって、倫理性を高める方向にフォロワーを付いてこさせようとする点にあります。そのため、倫理的なリーダーにとって変革自体は重要ではありません。もしフォロワーが行おうとしている変革が非倫理的な内容であれば、それは容認できないもので

★3 2000年代初頭に、アメリカの巨大企業が粉飾決算や不正行為の末に相次いで経営破綻しました。強いリーダーシップなどが一因とされています。

あるとリーダーに認識され、倫理的になるように導こうとするでしょう。

❷ オーセンティック・リーダーシップ

　近年、特に注目を集めているリーダーシップとして、オーセンティック・リーダーシップがあげられます。それは、オーセンティック・リーダーシップがフォロワーの主体性に働きかけ、個人にとっても組織にとっても概してポジティブな影響を与えると考えられているからです。**オーセンティック・リーダーシップ**とは、「より高度な自己認識、内在化された道徳観、バランスの取れた情報処理、そして関係における透明性を示しながら、フォロワーと協働するなかで彼（女）らの自己発達を促す」リーダーシップ・スタイルと定義されます[5]。これら4つの特徴は表11-1のように説明されています。

　表11-1だけを見ていると、イメージが湧きづらいかもしれません。そこで、例えば、職場全体の残業時間を削減するという施策を推進しようとしているとしましょう。そのとき、リーダーから「会社の方針としてやらないといけない」と言われたらどうでしょうか。もしくは「私が早く帰りたいから削減してください」とだけ言われたらどうでしょうか。どちらも、「納得して付いていく」ということにならないと思います。しかし、フォロワー一人ひとりの状況や要望を鑑み、自身として働き方の理想をどのように考えているかを説明したうえで残業時間の削減を提案されたらどうでしょうか。先の2つよりも、「付いていこう」という気持ちになると思います。

　オーセンティック・リーダーシップは、「どういう方向に」というよりも「何によって」を強調したリーダーシップであるといえます。つまり、先に見てき

表11-1　オーセンティック・リーダーシップ

①自己認識	自己の強みや弱みに関する自覚を表す
②関係における透明性	他者に対して偽りや歪みなく自己をさらけ出す
③バランスの取れた情報処理	すべての情報に対してバイアスを持たずに分析する
④内在化された道徳観	自身の内面的な道徳基準や価値観によって自己を統制

出典：Avolio, B. J., & Gardner, W. L. (2005) Authentic leadership development: Getting to the root of positive forms of leadership. *The leadership quarterly*, 16(3), pp.315-338. をもとに筆者作成

たような、「オーセンティシティ」（真正さ）によって、人に付いてきてもらう点に特徴があります。また、「どういう方向に」という点については、「幸福（well-being）の実現」が挙げられます。これは、上述のように、資本的な成功や成果を生むことに傾倒してきたことへの反省が反映されているといえるでしょう。

３ ── 集団としてのリーダーシップ

　ここまでは、主に個人に属するものとしてリーダーシップを捉えてきました。しかし、先にもふれたように、近年、リーダーシップを集団に属する概念として捉える見方があります。共有リーダーシップです。**共有リーダーシップ**とは「多様なチームフォロワー間でのリーダーシップの分散によって生じる創発的なチーム特性」と定義されます[6]。現実を考えると、確かに一人のリーダーのみですべての物事が決まっていく、組織全体が一定の方向に進んでいく、ということは稀です。多くのリーダーが、思うように組織全体をマネジメントできないと悩んでいます。つまり、組織全体は、多くの個人のダイナミクスによって方向付けられていると考えられます。リーダーシップを集団単位の概念、チーム単位の概念として検討することで、こうした力学を明らかにすることが期待できるでしょう。

　リーダーシップは、非常に多様性のある概念です。本質的な要素は「人が付いてくる、付いてこさせる」という点にあったとしても、何によって、どのように人を導くのかは、多くの答えが存在するからです。そして、それらは時代ごとの状況や要請に影響を受けながら変化していきます。絶対の正解がないことを理解し、自身のリーダーシップを批判的に省みる姿勢が重要なのかもしれません。

Column

リーダー自身の幸福―イクボスというあり方―

　リーダーシップの諸概念には、実は一つの前提があります。それは、「リーダー自身の利益や幸福よりもフォロワーや組織全体の繁栄・幸福が優先される」ということです。リーダーは、私利を捨て、フォロワーや組織全体のために献身すること、つまり自己犠牲的であるほど優れたリーダーと見なされるといわれています。そうした特徴を取り上げた「自己犠牲的リーダーシップ」という概念も存在します。自分のためにフォロワーや組織全体を利用するようなリーダーを良いリーダーといえないことはよく理解できます。しかし、リーダーの献身によって成立するリーダーシップはサステナブル（持続可能）といえるでしょうか。中間管理職の犠牲やオーバーワークが問題となるにつれて、こうした点が議論されるようになってきています。

　NPO法人ファザーリング・ジャパンは、イクボスという新しい上司像を示しました。**イクボス**とは、「職場で共に働く部下・スタッフのワーク・ライフ・バランス（仕事と生活の両立）を考え、その人のキャリアと人生を応援しながら、組織の業績も結果を出しつつ、自らも仕事と私生活を楽しむことができる上司（経営者・管理職）」と定義されます。この定義にあるように、明確に自身の仕事や私生活の充実についての言及がある点が従来のリーダーシップ概念と異なるといえます。

　現在、仕事の仕方や働き方を見直そうという動きが盛んとなっています。「稼ぐために働く」「会社のために働く」ではなく、幸せになることを重視し、私生活も大事にしょうとする考え方にシフトしてきているといえるでしょう。そうした働き方へとシフトしていくにあたって、上司がどのような態度を持っているのかが重要ともいわれています[7]。リーダー自身が幸せであること、あろうとすることが模範となって、フォロワー自身の行動や態度へ影響を与えるのかもしれません。

　リーダー自身が自分の幸せを目指すことは利己的な振る舞いであり、「良くないリーダーである」とは必ずしもいえないかもしれません。むしろ、持続的にリーダーシップを発揮するためには、リーダー自身が自分の幸せを目指すことが重要な観点となるのではないでしょうか。リーダー自身の幸せをフォロワーや組織全体の繁栄・幸福と結び付けるにはどうしたらよいのか。今後、検討されていくことになるでしょう。

演習問題

① リーダーが不要な状況というのは、あり得るでしょうか。リーダーの役割やリーダーシップの効果から考えてみましょう。

② リーダーとマネージャーの違いとはどのようなものでしょうか。調べてみましょう。

③ フォロワーがリーダーに対して与える影響とはどのようなものでしょうか。考えてみましょう。

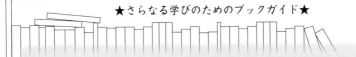

★さらなる学びのためのブックガイド★

●金井壽宏 (2005)『リーダーシップ入門』日本経済新聞出版社
リーダーシップに関する理論だけでなく実践への応用についても書かれています。社会人向けになっており、知識だけではない考え方を学べます。

●P. ハーシィ・K. H. ブランチャード・D. E. ジョンソン(山本成二・山本あづさ訳) (2000)『入門から応用へ 行動科学の展開［新版］―人的資源の活用―』生産性出版
リーダーシップを中心に、マネジメントやモチベーションについて幅広く学べます。特に、リーダーシップのコンティンジェンシー理論について丁寧に論じられています。

●R. K. グリーンリーフ (金井壽宏監訳、金井真弓訳) (2008)『サーバントリーダーシップ』英治出版
本書ではふれなかった、代表的リーダーシップ概念の一つであるサーバントリーダーシップについて書かれています。奉仕型のリーダーという一見矛盾するようなリーダーシップのあり方を学ぶことができます。

Business Administration

第12章
企業会計

●本章の概要

　前章までで企業の内外に関わる経営学の要素について学んできました。企業が何を目標にして、企業を取り巻く内部的・外部的な環境もふまえて、どのようにその目標を実現していくのか。それらを考えるのに経営学は役に立ちます。企業が目標や戦略を立てる際には、企業が現状どのような状態にあるのかを知る必要があります。その状態を知る一つの指標として、企業活動において欠かすことのできない、お金という観点があります。

　現代社会において、お金が大事なのは言うまでもありません。お金がなければ何も始まらず、事も続きません。お金がなければ生活もままならなくなりますが、企業活動も例外ではなく、お金があることが前提となってきます。そこで、そもそも企業がどれぐらいのお金を稼ぎ、何にどれぐらい使い、結果的にどれぐらい儲かっていて、最終的にどれぐらいのお金を持っているのかを計る尺度なり基準が必要になってきます。その前提がこれから学ぶ企業会計なのです。

　本章では、企業会計の基礎を学んでいきます。企業会計はいくらでも深掘りができてしまうため、ここでは、企業会計の基礎として、経営に直結するような基礎知識を習得していきます。

●キーワード

□ 財務会計、管理会計、税務会計
□ 貸借対照表
□ 損益計算書
□ キャッシュ・フロー計算書

1 企業会計の概要 ─────────────●

1 ── 企業会計とは

　日常生活において「会計」という言葉を耳にしたり口にしたりする機会は多いのではないでしょうか。一番多いのは、飲食店などで支払いをするときに「お会計」というように使うでしょうし、精算場所に「会計」と表示されていることも多いです。会計は、上記の通り、金銭の収支（収入と支出）を管理するもの、と考えるのが一般的です。

　個人の場合、金銭収支を扱うものとして、最近ではアプリなども出回っていますが、家計簿や金銭出納帳が使われることが多いかと思います。給料などの収入から生活費などの支出を差し引いて、どれぐらい金銭が残ったかを管理する家計簿は、まさに個人の会計といえるでしょう。では、なぜ家計簿を付けるのでしょうか。法律で義務付けられたものでもなく、また、家計簿を付けなくても給料は貰えますし、物も買えます。しかしながら、キャッシュレスの進む現代においては、ますます家計簿の存在が重要になります。

　経済活動が多種多様になっていくなかで、クレジットカード、デビットカード、携帯電話等による電子決済など、現金以外の支払方法の数やそれを扱う業者も年々増えています。その結果、個人が使用できる支払手段が増えた分、その管理が複雑化したことで、収支が管理できない状態、言い換えれば収入以上の支出をしてしまう状況ができやすくなったと考えられます。その点、家計簿を付けるとなれば、収支を可視化することから、意識的に収支を管理することができ、有用といえます。

　一方、企業などの法人についても当然に金銭収支があります。それを管理するものがまさに企業の会計（**企業会計**）といえます。企業に関係する者は、取引先、債権者や債務者、株主や投資家、官公庁、役員や従業員とその家族など、数えきれません。また、企業の場合には、扱う金額も個人とは比較にならないほど高額に、かつ取引や使用頻度なども圧倒的に多くなります。そのため、企

業にとっては、個人以上に収支の管理は必要不可欠であり、重要なのです。

　企業会計は、**会社法**、**金融商品取引法**、**税法**[1]などの種々の法律に影響を受けています。会社法は株主と債権者の利害調整を図り、金融商品取引法は株式会社の株主など投資家の保護を目的とし、税法は企業（法人）として納税義務を全うするために法人税や消費税など税金の計算について定めた法律となっています。これら３つの法律のすべてが企業活動に、そして企業会計にも多大な影響を及ぼしています。

2 ── 財務会計、管理会計、税務会計の役割

　企業会計と一口に言っても、それは**財務会計**（Financial accounting）、**管理会計**（Management accounting）、**税務会計**（Tax accounting）の３つで構成されています。

　このうち、財務会計と管理会計については、内外の区別で比較されます。財務会計は、企業の財政状態などについて投資家や債権者などの外部の第三者(利害関係者）に情報提供するためのものをいい、管理会計は、管理のための会計、具体的には企業の内部管理者が企業の内部の管理・意思決定をするために用いるものをいいます。

　同じ企業の会計を示す資料であっても、外部の者が見るものと内部の者が見るものでは、必要な情報が変わってきます。外部の者であれば、この企業がどれぐらいの財産を持っていて、どれぐらい借金をしていて、どれぐらい１年で儲けたのか、などを見ると考えられますが、内部の者が管理をする際には、製品をつくるのにどれぐらいの材料や人員、コストを使っているのか、どの部門がどれぐらいの効率を上げているのか、製品ごとでどれぐらいのコストの違いがあるのか、それらをふまえて、今後どのような戦略（新製品、既存製品の改良、市場の開拓など）を取っていくのか、などが必要な情報になると考えられます。

★1　税法とは、法人税法や消費税法など、税金に関する法律の総称をいいます。

表12-1　財務会計、管理会計、税務会計の違い

	財務会計	管理会計	税務会計
対象	第三者(外部利害関係者)	企業の内部管理者	国・地方自治体
目的	外部への情報提供	内部管理	税金計算
法律	会社法、金融商品取引法	直接的な法律はなし	税法

　他方で、税務会計とは、税金を計算するための会計と考えることができます。企業も多くの税金が関係してきますが、その税金に焦点を当てた会計を税務会計といいます。税務会計によって、どれだけの税金がかかるかを計算し、一方で、支払う税金をできる限り少なく（節税）していくように試案することが可能となります。ただし、税務会計といっても、おおもとは財務会計を基本としており、そのうえで税法にのっとって税金計算を行っていくことになります★2。

　以上のように、財務会計、管理会計、税務会計にはそれぞれ独立した役割があります（表12-1）。これらはお互いに密接に関係し、切っても切り離せないものになっていますが、一般的に企業会計という場合は財務会計を指すことがほとんどですので、本章でも財務会計、特に企業に関する財務会計を中心に述べていきます。

3 ── 財務会計の仕組み

　財務会計は、**財務諸表**（F/S：Financial Statements）と呼ばれる資料を作成し、それをもって企業の状態を外部に報告することを目的としています。財務諸表に計上される要素として、①**資産**（Assets）、②**負債**（Liabilities）、③**純資産**（資本）（Equity）、④**収益**（Revenue）、⑤**費用**（Expenses）、の5つがあります。

　★2　法人税の計算について、企業会計準則主義と確定決算主義、つまり、企業会計を前提にして、企業が作成し確定した決算数値をもとに税金を計算するというのが基本原則となっています。一方、法人税法などが、企業会計に影響を及ぼすことを**逆基準性**といいます。つまり、本来は企業会計を前提にするはずが、企業会計自体が税法をふまえたうえで策定されるという逆の現象が起こることをいいます。

　財務諸表を作成する流れとしては、①日々の企業の取引を、②仕訳という形でまとめ、③その仕訳を帳簿に記し、④その帳簿の中身を精査し、⑤最終的に財務諸表を作成する、という手順になります。

　この流れは「簿記一巡」ともいわれます。簿記には**単式簿記**と**複式簿記**というものがあり、企業会計は複式簿記を前提としています。ここで、単式簿記とは、単一の科目で処理する簿記（家計簿など、現金収支に関するもののみ記載している簿記）をいい、複式簿記は取引を複数の科目で処理する、さらには現金収支にかからないものも含めて処理することのできる簿記をいいます。

　企業は、文化祭の模擬店やお祭りの屋台とは異なり、基本的には未来永劫続く前提で活動が行われています。このことを「**継続企業の前提（ゴーイング・コンサーン）**」といいます。しかしながら、未来永劫続く前提とはいえ、企業の状態を知るためには、どこかのタイミングで一定期間の活動を見る機会が必要です。そこで、会計の基本として、1年間を1つの区切りとし（これを「**会計期間**」といい）、その会計期間の終了に際し計算をまとめることを「**決算**」といいます。また、会計期間の始めを「**期首**」、終わりを「**期末**」といいます。そして、上記の1年間の収益から1年間の費用を差し引いたものが「**利益**」あるいは「**損失**」と呼ばれ、利益と損失を合わせて「**損益**」と呼びます。

　なお、外部報告用である財務諸表を比較することで、その企業の経年比較をしたり、また、同業他社の企業と比較したりすることができます。これは財務分析と呼ばれますが、投資家や債権者は、財務分析をすることで、会社の状況や投融資の是非を判断しています。

4 —— 財務諸表の一般原則

　ここで、外部公表のための財務諸表を作成するにあたっての基本原則を簡単に学んでおきましょう。財務諸表の一般原則としては、**①真実性の原則**、**②正規の簿記の原則**、**③資本取引・損益取引区分の原則**、**④明瞭性の原則**、**⑤継続性の原則**、**⑥保守主義の原則**、**⑦単一性の原則**の7つがあります。これらは企業会計原則[3]というものに列挙されており、これらの原則をもとに財務諸表

を作成しなければならないこととされています[4]。

　まず、①真実性の原則とは、「企業会計は、企業の財政状態及び経営成績に関して、真実な報告を提供するものでなければならない」とする原則です。当然、外部に公表するにも、虚偽の情報を流すのでは意味がないため、この原則が存在します。

　次に、②正規の簿記の原則とは、「企業会計は、すべての取引につき、正規の簿記の原則に従って、正確な会計帳簿を作成しなければならない」とする原則です。この正確な会計帳簿を作成するのに、複式簿記を前提とした記録の網羅性（記録すべき取引がすべて記録されていること）、記録の立証可能性（すべての記録が客観的な事実や証拠などによって裏打ちされていること）、記録の秩序性（記録自体が秩序立って行われていること）が確保されていることが必要とされています。

　③資本取引・損益取引区分の原則とは、「資本取引と損益取引を明瞭に区分し、特に資本剰余金と利益剰余金とを混同してはならない」とする原則で、利益を適正に示す必要性から設けられたものとなります。

　④明瞭性の原則とは、「企業会計は、財務諸表によって、利害関係者に対し必要な会計事実を明瞭に表示し、企業の状況に関する判断を誤らせないようにしなければならない」とするもので、公表する資料だからこそわかりやすさを求めた原則です。

　⑤継続性の原則とは、「企業会計は、その処理の原則及び手続を毎期継続して適用し、みだりにこれを変更してはならない」とする原則で、こちらも公表する財務諸表の期間比較を可能にし、また、方法を変更することによる利益操作を防止する目的があります。

---

[3]　企業会計原則は、1949（昭和24）年に定められました。その名の通り原則であって法的強制力はありません。しかしながら、会社法などでは、一般に公正妥当と認められる企業会計の慣行に従うべきとされており、それが正に企業会計原則であるため、重要な原則となります。

[4]　企業会計原則の注解1に**重要性の原則**と呼ばれる、一般原則ではないものの、それに準ずる原則が規定されています。重要性の原則とは、企業の状況に関する利害関係者の判断を誤らせないならば、重要性の乏しい取引については簡便的な会計処理や表示を認める（逆に見れば、重要なものについては詳細な処理や表示が必要）というものです。これは明瞭性の原則や正規の簿記の原則、保守主義の原則にも影響します。

　⑥保守主義の原則とは、「企業の財政に不利な影響を及ぼす可能性がある場合には、これに備えて適当に健全な会計処理をしなければならない」とするものです。わかりやすくいうと、真実性の原則が優先されますが、損益計算においては、収益は遅めに、費用は早めに計上し、結果的に利益を小さめに計上するというものです。

　そして、最後に⑦単一性の原則は、企業が作成する財務諸表については、一つの適正な会計帳簿によって作成されるべきとする原則です。先述した通り、財務会計、管理会計、税務会計など、企業が公表あるいは内部で把握する情報はそれぞれで役割が異なりますが、そのおおもととなる情報は単一であるべきと考えられています。

2　貸借対照表

1 ── 貸借対照表とは

　貸借対照表（B/S：Balance Sheet）とは、財務諸表の一部となるもので、期末時点の**企業の財政状態**を表すものです。貸借対照表には、財務諸表の5つの要素のうち、資産、負債、純資産を掲載します（表12-2）。

　では、企業の財政状態とは何でしょうか。これは、企業の資金の調達源泉と、運用法を指しています。前者はどうやってお金を手に入れたのか、後者はそのお金をどのようにして運用し保有しているかという意味で、前者は負債や純資産が該当し、後者は資産が該当します。貸借対照表を見ることで、期末時点でどのような資金調達手段で、どれだけの資金をどんな方法で運用（保有）しているのかを見ることができます。

2 ── 資産、負債、純資産

　では、具体的に資産、負債、純資産について見ていきましょう。

　資産には現金預金を始め、売掛金★5など第三者に対する金銭債権、そして、商品や製品、建物・土地などの有形固定資産や、ソフトウェアなどの無形固定資産、株式や社債などの有価証券などが含まれています。これらは負債や純資

表12-2　貸借対照表の例

2XX1年3月31日現在　　　　　　　　　単位：円

資産の部	負債の部
流動資産	流動負債
現金預金	買掛金
売掛金	短期借入金
商品	未払金
有価証券	未払費用
貸付金	前受金
未収入金	前受収益
未収収益	仮受金
前払金	固定負債
前払費用	長期借入金
仮払金	社債
固定資産	預かり保証金
（有形固定資産）	繰延税金負債
建物	純資産の部
機械装置	
車両運搬具	資本金
工具器具備品	資本剰余金
土地	資本準備金
（無形固定資産）	その他の資本剰余金
ソフトウェア	利益剰余金
（投資その他の資産）	利益準備金
投資有価証券	その他の利益剰余金
関係会社株式	繰越利益剰余金
繰延税金資産	自己株式
	評価・換算差額等
合計	合計

★5　個人の場合、商品の受領やサービスを受けるのと引き換えに金銭を支払うのが一般的ですが、企業同士の場合などは取引数や金額が多いため、即日払いとせず、月や週など一定期間分をまとめて後払いすることがあります。この代金後払いで売買を行うことを「掛け」といい、売掛金とは、代金後払いで販売した際の金額で、後日貰える金額を表しています。後述する買掛金は、逆に代金後払いで購入した際の金額で、後日支払わなければならない金額となります。

産で得た資金をどんな形でいくら保有しているかを表しているため、資産は負債と純資産の合計と必ず一致します。

　次に、負債とは、借入金や買掛金などの第三者に対する債務を表しています。債務とは、義務（ここでは支払義務）のことですから、企業にとって将来的に支出を伴うことになるものを指しています。

　純資産には資本金や出資金などの元手になる資金と、企業が毎年獲得した利益の累積（利益剰余金）が該当します。利益剰余金は会社の努力により獲得したものですから、「会社財産が増えた＝返済不要の元手が増えた」ものと考え、純資産に含まれることになっています。

　負債と純資産は返済の要否で分かれているものの（負債は返済が必要だが、純資産は原則返済不要）、資金の出どころ（調達方法）を示すものであることに変わりはありません。

3 ── 貸借対照表の基本原則

　貸借対照表については、貸借対照表完全性の原則、表示区分の原則、科目配列の原則の３つが規定されています。まず、貸借対照表完全性の原則とは、構成される科目についてすべてを表示し、かつ、総額で掲載すべきとする原則です。次に、表示区分の原則とは、資産、負債、純資産の部に分けたうえで、資産と負債については流動と固定でそれぞれ分けて表示するという原則です。科目配列の原則とは、表示の際に流動性配列法を原則とするというものです。

　流動と固定とは、「現金化しやすい＝流動性が高い」と考え、流動性の高いものを流動、そうでないものを固定としています。例えば、上場株式は、証券市場で売買しやすいため「流動資産」となりますが、土地や建物などは簡単に現金化するのは難しいため「固定資産」となります。また「流動負債」は、買掛金や１年以内に支払義務が生じる（現金化しなければならない）短期借入金などが含まれ、逆に「固定負債」は、中長期的な支払義務のある長期借入金や社債などが含まれます。

　流動性配列法とは、貸借対照表の資産や負債は、流動性の高いものから順に

配列するという方法です。一般的な会社は流動性配列法が主流ですが、電力会社など固定資産の占める割合が非常に大きい会社では、例外的に固定性配列法（流動性の低いものから配列）を採用しているところもあります。なお、流動性の有無を定める際は、正常営業循環基準[6]や1年基準[7]などで判断しています。

3 損益計算書

1 — 損益計算書とは

次に**損益計算書**（P/L：Profit and Loss Statement）ですが、こちらは財務諸表の5つの要素のうち、収益と費用、そしてその差額たる損益（利益・損失）を記載したもので、一会計期間における企業の経営成績を表す資料となります（表12－3）。

2 — 収益、費用

ここで、収益と費用についても見ておきましょう。

まず収益は、企業活動で得た収入であり、また、費用は、その収益を得るためにかかったものと考えます。収益は、商品の売上や役務提供の対価などが該当しますが、それ以外にもお金を貸した際の利子や、配当金、上記以外でも最終的に会社にとってプラスになるものが含まれます。

一方で費用は、基本的には収益を得るためにかかったお金が大前提です。詳細は後述しますが、これは費用収益対応の原則といいます。ですから、本来は

★6　正常営業循環基準とは、企業の通常の営業活動サイクル（例えば、商品を仕入れて売り上げ、そのお金でまた仕入れる）のなかにある勘定科目を流動とし、それ以外を固定とする考え方です。

★7　1年基準とは、決算日の翌日から起算して1年以内に決済する（される）もの、あるいはすぐに現金化しやすいものを流動、それ以外を固定とする考え方です。

表12-3　損益計算書（報告式）の例
自 2XX0年4月1日　至 2XX1年3月31日

```
Ⅰ売上高
Ⅱ売上原価
      期首商品棚卸高
      当期商品仕入高
      期末商品棚卸高
                                           【売上総利益】
Ⅲ販売費及び一般管理費
      給料
      減価償却費
      旅費交通費
      通信費
                                           【営業利益】
Ⅳ営業外収益
      受取利息
Ⅴ営業外費用
      支払利息
                                           【経常利益】
Ⅵ特別利益
      固定資産売却益
Ⅶ特別損失
      災害損失
                                        【税引前当期純利益】
                               法人税、住民税及び事業税
                                        法人税等調整額
                                           【当期純利益】
```

注：損益計算書には、この報告式以外に、勘定式という貸借対照表のように、借方貸方で分けて記載するものもあります。

売上に対する商品の仕入や従業員などの給与、事務所や店舗の家賃や水道光熱費などが該当します。ただし、企業活動上においては想定外の損失、例えば、災害などによる損失や盗難による損失なども起こり得ます。これらは収益を得るために要したものとは言い難いですが、それらにかかったお金も結果的には企業活動上避けられない、避けることが難しいということで、特別損失として費用の項目に含まれています。

　収益と費用については、その認識、つまりどのタイミングで費用や収益を計

上すべきか、という点について議論になります。ここで、「**費用収益対応の原則**」と呼ばれる基本原則があり、これは、すべての収益とこれに対応するすべての費用を、同一会計期間内に発生源泉に従って明瞭に区別し記載する原則です。費用は無尽蔵に認められるものではなく、あくまで収益に対応したものでなければならないことがわかります。また、費用については、「事実の発生に際して（つまり、現金を払ったときではなく、事由が生じたときに）」費用として計上するという発生主義の原則を採っています。

　一方、収益をどの時点で認識するかについては、費用よりも厳格に捉えられています。例えば、商品を売ったときにどの時点で売上と認識するのかについては、商品をお客さんに渡したときや代金を受領したとき、お客さんが商品を検品したときもあるでしょうし、出荷したとき、とすることも考えられます。この点、収益については、実現主義の原則、つまり、財貨または役務の提供と対価となる現金等の受領があったとき（収益が実現したとき）に認識するものとされています。

3 —— 損益計算書にかかる利益

　損益計算書は、企業会計原則において、営業損益計算、経常損益計算、そして純損益計算の区分を設け、原則として総額表示していくことになっています。報告式の損益計算書は、以下の順に掲載されることになっています。

売上高→売上原価→売上総利益→営業損益→経常損益→当期純損益

　まず、売上高の金額は単純に企業の一定期間の収入でもあり、重要な指標です。例えば、年度の決算であれば1年分を、四半期決算であれば「四半期＝3か月分」の売上高の合計となります。

　次に売上総利益、俗に粗利ともいわれますが、これは売上高から売上原価（売上に直接紐づいてかかったコストをいい、例えば、商品の仕入れや外注費、製造業における材料費や労務費、その他の経費など）を差し引いたもので、商品や製品などを売ったことによる直接的な儲け、企業の基本的な収益力を表して

います。ここから、販売費及び一般管理費（商品の発送や広告宣伝などの販売・営業に要した費用や、役員報酬や従業員の給与、本社の家賃などの管理上必要な費用）を除いたものが営業損益と呼ばれ、これが本来の営業活動による損益とされます。そこから営業外収益（預金の利息や配当金、有価証券売却益など）、営業外費用（借入金の利息の支払いや有価証券売却損など）との差額を合算したものが経常損益と呼ばれ、これは、経常的な活動によって生じ得る損益であり、財務調達能力等も含めた企業の実力を意味しています。最後に、突発的な収益と費用である特別利益（固定資産を売却したことによる利益や保険金収入など）と特別損失（災害による損失や固定資産の売却損失など）を加減算し、さらに、当期の税金（法人税等）を控除した結果が当期純損益となります。この当期純損益が最終的な損益となります。

　財務分析をする際、当期純損益は、臨時のものも含まれるため、その金額だけで企業価値を判断することはできません。そこで経常損益を見ることで、不確定要素を排除した企業の儲けや損失を把握することができます。また、営業外収益や営業外費用は、企業によって特性が違います。例えば、借入や社債が多い会社であれば営業外費用が相対的に多くなる一方、株式投資等を積極的に行っている会社であれば営業外収益が多くなります。そこで、それらの営業外の要素を除外した営業損益を見ることで、本業を行う際の一連の流れのなかでの儲けを把握することができます。このように、利益にもそれぞれ異なる見方があり、これらの利益を使い分けることで、詳細な財務分析をすることができるようになります。

4　キャッシュ・フロー計算書

1 ── キャッシュ・フロー計算書とは

　損益計算書において利益が算出されて黒字だとしても、それにお金の流れが一致するとは限らず、必ずしも「利益＝現金預金の増加」とはなりません。

　例えば、売掛金の回収サイクルが2か月置き、買掛金の支払が1か月置きだとすると、現金預金が潤沢にあるならともかく、現金預金が少なくなってくると支払いがままならないという現象が起きてきます。

　貸借対照表は、決算時の財政状態はわかりますが、あくまで現金預金の残高しかわかりません。現金預金がどんな理由でどれぐらい増減したかまでは分からず、会社の返済能力を判断することは難しいのです。

　そこで、現金預金の流れを把握し、企業の短期的な支払能力を判断するものとして、**キャッシュ・フロー計算書（C/F：Cash Flow Statement）**が重要になってきます[8]。

2 ── キャッシュ・フロー計算書の構成

　キャッシュ・フロー（以下「CF」）とは、お金の流れのことで、CFがプラスであればお金が増えたことを、マイナスであれば減ったことを意味します。キャッシュ・フロー計算書は、営業活動によるCF、投資活動によるCF、財務活動によるCFの3つの部で構成されており、このなかでそれぞれの活動ごとのCFを把握し、どれぐらいの入出金があったかを見極めます。また、キャッシュ・フロー計算書には直接法と間接法という2つの様式があり、前者は収入総額と支出総額をそれぞれ計算して差を出す方法で、後者は純利益に必要な科目を加減算していく方法となっています。いずれも、会計上の収益・費用と現金の収入・支出との差を調整しCFを計算するため、結果は同じになります[9]。本書では、実務においてよく用いられる間接法によるCFを例示しています（表12-4）。

　営業活動によるCFは、その名の通り、営業活動によってどれだけのCFの増減があったかを表しています。具体的には、商品の販売による収入・支出や役

★8　キャッシュといっても、いわゆる現金預金だけでなく、容易に換金でき、価値の変動の少ない短期投資（現金同等物）も含めている点に留意しましょう。
★9　直接法と間接法で表示が異なるのは営業活動によるCFのみで、投資活動によるCF、財務活動によるCFについては直接法と間接法で表示方法は同じです。

表12-4　キャッシュ・フロー計算書（間接法）の例
自 2XX0年4月1日　至 2XX1年3月31日

```
Ⅰ営業活動によるキャッシュ・フロー
    税引前当期純利益
    減価償却費
    有価証券評価損
    売上債権の増減
    棚卸資産の増減
    仕入債務の増減
      小計
    利息及び配当金の受取額
    利息の支払額
    法人税等の支払額
  営業活動によるキャッシュ・フロー計
Ⅱ投資活動によるキャッシュ・フロー（直接法と同じ）
Ⅲ財務活動によるキャッシュ・フロー（直接法と同じ）
Ⅳ現金及び現金同等物に係る換算差額（直接法と同じ）
Ⅴ現金及び現金同等物の増減額（直接法と同じ）
Ⅵ現金及び現金同等物の期首残高（直接法と同じ）
Ⅶ現金及び現金同等物の期末残高（直接法と同じ）
```

員報酬や従業員への給与の支払など、損益計算書の営業損益に関わる項目に加えて、災害による保険金収入などの特別利益にかかるものや、損害賠償金の支払などの特別損失にかかるものも含まれます。

　投資活動によるCFは、機械の購入・工場の建設といった「設備投資」や企業買収、他社株式の売買といった「余剰資金の運用」など、将来につながる投資にかかるCFをまとめたものです。

　そして、財務活動によるCFは、お金の借り入れや株式発行など、資金の調達や返済によって、どれだけのCFの増減があったかを表しています。

3 ── 各活動によるキャッシュ・フロー

　3つの活動によるCFを見た場合、以下の形態が考えられます。

　まず、営業活動によるCFは本業によるCFですからプラスになることが大前

提となります。そのため、営業活動によるCFがマイナスとなればきちんと原因等を追究しなければなりません。損害賠償などの特別なものがある場合を除き、マイナスが続くとなると、本業や企業自体の存続も危ぶまれることになります。

次に、投資活動によるCFがマイナスであれば、固定資産や有価証券を購入するなどの投資でお金を使ったと考えられますし、逆にプラスであれば投資した固定資産や有価証券を売却したと見ることができます。そのため、一般的には投資活動によるCFはマイナスになることが多くなります。

そして、財務活動によるCFがマイナスであれば、借金や社債を返済したり、株主に配当金を支払ったり、自己株式を購入したりして支出が多かったことが、逆にプラスならば、株式発行や社債発行、借り入れをして資金が増えたりしたと考えられます。このように、必ずしもお金が増えたから良いというわけではなく、設備や新事業への投資も、借金の返済も経営上必要になりますから、営業活動によるCF以外は経営状況によって判断すべきものとなります。

また、CFの考え方に**フリー・キャッシュ・フロー**という考え方もあります。これは営業活動によるCFと投資活動によるCFの合計を指すもので、フリーと付く通り自由度のあるCFを指し、これが多ければ多いほど投資活動によるCFに回すことができ、経営状態も良いものと判断できます。

このキャッシュ・フロー計算書によって、一会計期間の財政状態、経営成績をCFの観点で補完することができ、その結果、企業の支払能力や返済能力を判断することができるのです。

会計の歴史

「会計」は英語で「accounting」といい、この「account」は、英語の授業では「説明する」や「理由」などという動詞（account for）や名詞で学んだ方が多いのではないでしょうか。このことから「会計＝説明すること」であったといえます。また、英語の「account」自体も、そもそもの由来はラテン語の「computare」で、「数える」という意味であったといわれ、それが日本でいう会計に訳されたと見ることができます。

また、監督し検査する「監査」については、会計上は「監査」というと、監査役による監査や公認会計士による監査を指します。この「監査」は英語では「audit」といい、これは「audio」という音響や聴取という言葉から派生したものといわれており、転じて「監査＝話を聞く」、つまりは、「説明されたことを聞く」という意味で、会計では財務諸表等をチェックすることが監査といわれるようになったと考えられます。

また、会計の歴史として、よく登場するのは、数学者のルカ・パチョーリ（Fra Luca Bartolomeo de Pacioli, 1445年-1517年）でしょう。彼は、著書『Summa de Arithmetica, Geometria. Proportioni, et Proportionalita』（スンマやスムマと訳される）において、複式簿記の基礎を体系化したといわれています。複式簿記自体は以前から存在していましたが、彼がそれを学術的に体系化したということが功績とされ、「会計の父」などと呼ばれることもあるそうです。

一方で、みなさんも一度は耳にしたことがある「ごりやく」という言葉は、実は漢字で「御利益」と書きますが、これも「神仏からのお恵み」「他者への益」という趣旨であったものが、今では、「お得なこと」や「儲け」という概念となった「利益」という言葉で使われています。

経営が「経之営之」、経済が「経世済民」が由来だという話はよく知られていると思います。ほかにも、日本に複式簿記を広めたのはアメリカの書籍を福沢諭吉が翻訳した『帳合之法』であるといわれています。経営学や会計学を学ぶなかで、一般的に使われている言葉の由来や歴史についても知っておくと、それらのさらなる理解につながっていくと思います。

演習問題

①利益を計算するうえで財産法と損益法という考え方があります。どのようなものか調べてみましょう。

②公表されている企業の財務諸表を見て、どのような科目が記載されているか調べてみましょう。

③単式簿記と複式簿記のそれぞれのメリット、デメリットを調べてみましょう。

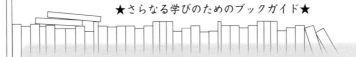

★さらなる学びのためのブックガイド★

●伊藤邦雄 (2018)『新・現代会計入門　第３版』日本経済新聞出版社
会計を勉強しようと思ったときに、幅広く会計全般の知識を学ぶことができ、また、実務的な知識も習得することができます。

●佐藤信彦ほか編 (2019)『財務会計論Ⅰ　第12版―基本論点編―』・『財務会計論Ⅱ　第12版―応用論点編―』中央経済社
会計学を深堀りしようとする際に相応しいテキストです。簿記の実践だけでなく、会計学たる理論も学ぶことができます。

●岩田巌 (1956)『利潤計算原理』同文舘出版
財産法や損益法の考え方をはじめ、会計の成り立ちや現在の会計学の根底を学ぶことができます。とても歴史のある書籍であるにも関わらず、現代の会計に通ずるものがあり、会計を少し学んだうえで読んでみると理解が深まります。

●金子智朗 (2006)『MBA財務会計　第２版』日経BP
MBAとある通り、実務的な視点で財務会計をわかりやすく解説しています。そのなかでも、財務分析については簿記初学者にも理解しやすいようにまとめられています。

Business Administration

第13章
現代社会と企業

●本章の概要

　みなさんは、「会社は誰のもの」だと思いますか？　この質問は、経営学を紡ぐ系譜のなかで何度も繰り返されてきた質問です。この単純な問いにさまざまな解が見出され、激論が繰り広げられてきたのです。そしてそのたびに、企業がこの社会のなかでどのように存在するべきなのかが考えられてきました。

　でも、誰のものなのかと聞かれても、「企業が誰かの所有物なのだろうか？　実体がないのに？」と混乱してしまうかもしれませんね。そこで本章では、みなさんに改めて企業は誰のために運営されるべきかを考えてもらいたいと思います。企業が誰のために運営され、どのような責任を負うべきなのか、そして、それを実現するためにはどのようにしたらよいのかを考えてみましょう。

　考えた先に、きっと現代社会と企業の関係性が見えてくるはずです。

●キーワード

- □ 所有と経営の分離
- □ コーポレート・ガバナンス
- □ 企業の社会的責任
- □ コンプライアンス
- □ ESG 投資

1　会社は誰のものか ————————————●

1 —— 所有と経営の分離

　「会社は誰のものか」という学説上の論争があります。個人企業であれば、出資者と経営者が同一人物ですので、誰のものなのかはわかりやすいのですが、株式会社は、誰のものなのかわかりにくいところがあります。

　「会社は誰のものか」という議論の先駆けといえるのが、「見えざる手」で有名なアダム・スミス（Smith, A.）が1776年に出版した『国富論』でした。アダム・スミスは、当時、莫大な資本を集めていた南海会社やイングランド銀行などの「企業の取締役は、自分の資金ではなく、他人の金を管理しているので、パートナーシップの資金を管理する際によくみられるような熱心さで会社の金を管理するとは期待できない」[1] と述べました。このような考え方は、今では**エージェンシー理論**と呼ばれ、経営者が株主を顧みない経営をする原因の一つとして知られています。

　1919年に、アメリカで株主至上主義を決定付ける出来事が起こりました。それは、世界で初めて自動車の大量生産に成功したことで知られる自動車会社のフォードが、当時株主であったダッヂ兄弟によって、無謀な投資の停止と配当の分配を要求された訴訟の判決です。この訴訟の最高裁判決でフォードに配当の支払いが命じられるとともに、株式会社は株主を最優先すべきであることが公的に示されたのです。この判決を契機として、今でもアメリカでは株式会社が株主のために経営されるべきであるとの考え方が支配的です。そして、アメリカのこうした常識は、世界的にも一定の認識として広がっています。

　そして、「会社は誰のもの」という議論を深く根付かせたのは、バーリー（Berle, A. A.）とミーンズ（Means, G. C.）という２人の研究者でした。バーリーとミーンズは、1932年に出版した『近代株式会社と私有財産』において、「株式会社では、所有権と支配との大なる分離が起こったのである」[2] と述べています。これを「**所有と経営の分離**」といいます（図13-1）。さらに、会社

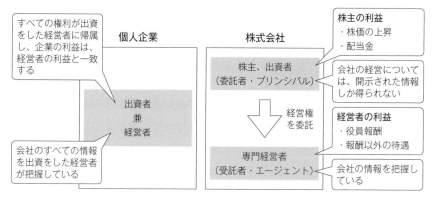

図13－1　株式会社の所有と経営の分離

の規模が拡大し、公開会社として株式が拡散することにより、「証券所有者の大部分は、企業に対して、彼等又はその投資関係の前の持ち主が提供した財産に関しては、事実上支配力のない人々となった」[3]と述べました。そして、所有権を得たことによって得られる利益は、すべての所有権のほんの一部しか持たない支配グループに保有されていると述べています。つまり、バーリーとミーンズは、形式上の所有者は株主であるとしながらも、実質的な所有権に近い支配権を経営者が持っていることを明らかにしました。こうした状態を、**経営者支配**といいます。

　ここで、「会社は誰のものか」という問いに立ち戻って考えてみると、この答えはなかなか難しいことがわかります。みなさんが「私のものだ！」と主張するものに対して、どんな権利を持っているのか知っていますか。実は、日本の民法第206条では、「所有者は、法令の制限内において、自由にその所有物の使用、収益及び処分をする権利を有する」と定められています。しかし、バーリーとミーンズが所有者と表現している株主は、会社に対して自分だけの力で所有者としての権利を行使することはできません。株主が所有権を発揮するのは、あくまでも株式に限定されるのです。

2 ── アクティビストの台頭

　先述した1919年の判決を契機に、アメリカを中心として会社は株主のために経営されることが正しいとされたにもかかわらず、実質的には経営者が会社を支配していました。経営者は、会社のなかで絶対的な権力を手に入れたので、文句を言わない株主を経営から排除して、株主の権利を保護しようとしなくなりました。このような状態のなかで、株主は企業内部でどのような経営がなされているのかに興味を持たなくなり、気に入らなければ株式を売ってしまえばいいと考えるようになりました。こうした投資の仕方を**ウォール・ストリート・ルール**といいます。そしてそれ以降、株主は配当による利益（インカムゲイン）より、株価の変動による利益（キャピタルゲイン）を求めるようになりました。

　そこで立ち上がったのが、**機関投資家**です。機関投資家は、年金基金や保険会社、ファンドなど、膨大な資金を投資する大口法人投資家のことをいいます。機関投資家は、潤沢な資金力を武器に大量の株式を取得するため、市場への影響が大きいのが特徴です。また、大量の株式を取得するため、短期間の投資ではなく一定期間株式を保有します。そのため機関投資家は、ウォール・ストリート・ルールではなく、経営に積極的に関与するようになりました。このように、経営に関わろうとする株主を「**物言う株主（アクティビスト）**」といいます。物言う株主は1990年ごろから現れはじめ、企業に対して**コーポレート・ガバナンス（企業統治：Corporate Governance）**に関する要求を突きつけることが多くなりました。

2 コーポレート・ガバナンス ─────

1 ── コーポレート・ガバナンスとは何か

　物言う株主が企業に対して要求を突きつけたコーポレート・ガバナンスは、現代株式会社の主要な問題の一つです。コーポレート・ガバナンスの確立され

た定義は今のところありませんが、簡単に言えば、経営者を監視・監督する仕組みのことをいいます。つまり、出資者と経営者が人格的に分離した大企業では、アダム・スミスが懸念したように、経営者が自分の利益のみを追求しはじめる可能性があるため、経営者を監視して、健全で効率的な経営へと促す仕組みをつくろうとするものです。

　コーポレート・ガバナンスの目的は主に、企業不祥事への対処と企業競争力の強化の2つを達成することにあります。コーポレート・ガバナンスは、1990年代から主に企業不祥事への対処を目的として議論が活発に行われてきましたが、あくまでも経営者を監視・監督する仕組みを構築するものです。コーポレート・ガバナンスだけが、企業不祥事や企業競争力の低下を解決する特効薬というわけではない点には注意が必要です。企業不祥事はもっと複雑で、不祥事を引き起こす主体はケースによって異なりますし、目的も、方法も、影響もケースによって異なります。それぞれのケースに応じて、組織の問題であったり、従業員のモラルの問題であったりと、さまざまな要素が複雑に絡んでいるのです。

　コーポレート・ガバナンスは、大きく分けて、企業経営機構改革と情報開示・透明性、そして利害関係者（ステークホルダー）との関係を良好に保つ、という3つの内容を実施します。企業経営機構というのは、法に定められた企業の経営機関の構造のことです。日本では、株主総会、取締役会、代表取締役（代表執行役）、監査役会、会計監査人が相互に監視・監督する仕組みになっています（図13-2）。情報開示・透明性は、利害関係者に広く透明性の高い情報を開示することにより、不健全経営の芽を摘むとともに、良い情報は企業のプラスイメージに転換できるという効果を得ることができます。そして、利害関係者との関係については、社会からの要求や社会通念上好ましいと考えられていることなどを遂行していくことで、社会からの信頼を得る必要があるのです。

2 ── コーポレート・ガバナンスの必要性

　日本では、1990（平成2）年ごろのバブル崩壊を契機に、日本中の企業が経

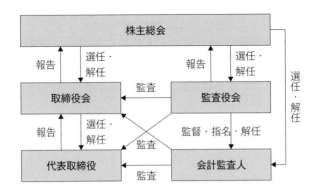

図13－2　企業の経営機関の構造

営不振になるとともに、金融機関が相次いで破綻しました。期せずして、日本も世界の国々と同じ時期にコーポレート・ガバナンスの重要性が叫ばれるようになったのです。そこで、1990（同2）年以降から法律を中心に制度改革が行われました。1993（同5）年に監査役制度が改正され、監査役の必要人数の増員や社外監査役の導入、監査役会の導入が進められました。また、同年に株主代表訴訟制度[1]が改正され、訴訟費用を定額としたことで株主の権利の確保が進められました。そして、1997（同9）年からストックオプション[2]の導入や利益供与[3]禁止の強化など、法整備が進められたのです。

　近年では、こうした法制度の改革だけでなく、コーポレートガバナンス・コードと呼ばれる規範が世界中で策定されるようになりました。コーポレートガバ

★1　株主代表訴訟とは、経営者（代表取締役や取締役、監査役などの役員）がその責務を果たさず、会社に損害を生じさせた場合などに、株主が会社を代表して被害の賠償請求を経営者に対して行う訴訟をいいます。

★2　経営報酬の一種で、自社株式を一定の価格で購入することができる権利です。設定された条件を満たしていれば、自由なタイミングで行使できます。購入価格は決まっているので、株式市場での価格（＝株価）が決められた購入価格よりも高い場合は、売却すると差額が利益（＝経営報酬）となります。これにより、経営者の利益と株価の変動を連動させ、株主価値を考慮した経営につなげる効果があります。その反面、株価を上げるためだけの短期的な利益の追求につながる恐れもあります。

★3　企業の利益を不当に他者に与えることをいいます。1990年代に総会屋と呼ばれる株主総会の妨害等をする者に対して、企業が金品を不当に支払い、ことを穏便に済ませようとする不祥事が多発しました。

ナンス・コードは、法律よりさらに踏み込んだ規程が設けられる代わりに、「"comply or explain" principle（「遵守か説明か」の原則）」[★4]が採用されます。この原則は、コードの規程を遵守しない選択をすることを認めるものです。このような制度は、遵守すること以外に選択肢がない法律（ハード・ロー）に対してソフト・ローと呼ばれています。

3 ── コーポレート・ガバナンス改革

❶ 世界のコーポレートガバナンス・コード

　コーポレートガバナンス・コードの起源は、1992年にイギリスのキャドベリー委員会が、「遵守か説明か」の原則を提唱したことにまでさかのぼります。その後、イギリスでコーポレート・ガバナンスに関する報告書が相次いで発表され、1998年にそれらの報告書を統合する形で、「統合規範（Combined Code）」が策定されました。これが、世界で初めて策定されたコーポレートガバナンス・コードです。

　イギリスにおけるコーポレート・ガバナンスのコード化は、他国にも影響を与え、さらには、国際機関や機関投資家にまで影響を与えました。特に、1999年に公的な国際機関であるOECDが発表した「OECDコーポレート・ガバナンス原則」は世界中に影響を与え、事実上の世界標準とまでいわれています。また、機関投資家は、企業に求めるコーポレート・ガバナンスのあり方をガイドラインや行動規範などの名称で規定するようになりました。そして、こうした世界的な潮流のなかで、世界各国でコーポレートガバナンス・コードとして、国内企業に向けたコーポレート・ガバナンスの規程が定められるようになったのです。

★4　ソフト・ローに用いられるアプローチで、規程を守らない場合は、正当な理由の説明を求めるというものです。近年のコーポレート・ガバナンスに関する規程には多用されています。

❷ 日本のコーポレートガバナンス・コード

　日本ではコーポレートガバナンス・コードの策定が遅れ、2015（平成27）年に初めて策定されました。日本のコーポレート・ガバナンスに関するコードは３種類策定され、いずれも「遵守か説明か」の原則が適用されています。具体的には、2014（同26）年に策定された投資家の行動規範である「スチュワードシップ・コード」（2017［同29］年改定）、2015（同27）年に策定された「コーポレートガバナンス・コード」（以下「日本コード」）、2017（同29）年に策定された「監査法人のガバナンス・コード」です。この３つのコードは、イギリスに倣ったものであるといえます。

◆スチュワードシップ・コード

　2014（平成26）年に策定されたスチュワードシップ・コードは、デフレ脱却を目指す日本政府によって進められた政策を背景としています。スチュワードシップ・コードにおける「スチュワードシップ責任」とは、「機関投資家が、投資先の日本企業やその事業環境等に関する深い理解に基づく建設的な『目的を持った対話』（エンゲージメント）などを通じて、当該企業の企業価値の向上や持続的成長を促すことにより、『顧客・受益者』の中長期的な投資リターンの拡大を図る責任」を意味します。これまで、「物言う株主」として監視・監督機能に焦点が当てられてきた資産保有者（アセットマネージャー）である機関投資家に対して、明確な責任を規定したことは、日本にとって大きな進展だといえます。

◆日本コード

　日本コードについては、2014（平成26）年に閣議決定された「『日本再興戦略』改訂2014」に、コーポレートガバナンス・コードの策定を支援するとの施策が盛り込まれたことを受けて、金融庁と東京証券取引所が共同して策定しました。また、日本コードは、OECDコーポレート・ガバナンス原則をふまえた内容としており、今もなおOECD原則が世界のコーポレート・ガバナンスに影響を与えていることがわかります。そして、日本コードは「攻めのガバナンス」を掲げています。攻めのガバナンスは、「会社が受託者責任および様々なステークホルダーに対する責務を負っていることを認識し、こうした責務に関する説明

責任を果たすことを含め会社の意思決定の透明性・公正性を担保しつつ、これを前提とした会社の迅速・果断な意思決定を促すこと」とされています。日本コードは、会社におけるリスクの回避・抑制や不祥事の防止といった側面を過度に強調するのではなく、むしろ健全な企業家精神の発揮を促し、会社の持続的な成長と中期的な企業価値の向上を図ることに主眼を置いています。

◆監査法人のガバナンス・コード

　「監査法人のガバナンス・コード」は、2015（平成27）年に発覚した東芝の不正問題で監査法人の機能不全が明らかになったことなどを契機として策定されました。監査法人のガバナンス・コードの策定に向けた「監査法人のガバナンス・コードに関する有識者検討会」では、監査が有効に働いていなかった背景には、会計士個人の能力だけでなく、監査法人のマネジメントに問題があったのではないかとの問題提起がなされました。そこで、①監査法人が果たすべき役割、②組織体制、③業務運営、④透明性の確保、の４つの観点で監査法人のあるべき姿が示されたのです。

◆コーポレート・ガバナンスの強化

　「『日本再興戦略』改訂2015」では、「スチュワードシップ・コード」と「日本コード」が車の両輪となって、「投資家側と会社側双方から企業の持続的な成長が促されるよう、積極的にその普及・定着を図る必要がある」と示されています。つまり、投資家と企業の両者が同じ方向に動き始めることが企業の成長に不可欠であり、そのためにはコーポレートガバナンス・コードの普及・定着が必要になるということなのです。また、2018（平成30）年に日本コードが改訂され、①株式持ち合いを目的とする「政策保有株」の合理性の検討、②企業年金の運用に当たる適切な人材の配置およびその情報開示、③CEOの選任と解任にかかる取締役会の責任、④役員報酬の客観性と透明性の強化、⑤十分な人数の独立社外取締役の選任、⑥ダイバーシティ（多様性）を考慮した適切な経験・能力・知識を有する者の役員への選任、などの規定が改訂・追加されました。

3 企業が果たすべき責任 ──────────────●

1 ── 企業の社会的責任

　さあ、現代企業の主要な問題も大詰めです。現代企業は、先ほどのコーポレート・ガバナンスを構築して、健全で効率的な経営をすることはもちろんのこと、さまざまな責任を負います。それは、企業が事業を営むうえで多くの利害関係者と関わるために、企業行動が社会に及ぼす影響が大きいからです。現代の大規模化した企業は、その行動次第で、社会の発展をもたらすこともあれば、暗い影を落とすこともあるのです。

　例えば、私たちが生活する際に使用しているものはほとんどが企業の生産物であり、その生産物が進化すればするほど生活は快適になります。しかし、その反対に、企業が環境破壊を省みずに生産活動をすれば、環境は破壊され、快適な生活はたちまち破壊されます。現代企業は、こうした影響力の強さから、社会に対して責任ある行動を取ることが求められています。こうした、企業が社会に対して負う責任を「**企業の社会的責任**」(Corporate Social Responsibility、以下「CSR」)といいます。

　CSRの概念は非常に広く、コーポレート・ガバナンスや企業倫理などの企業の健全性を高めるものも含まれます。社会から信頼される企業に関する研究の第一人者である平田光弘は、図13-3のように企業の社会的責任を示しています。

　まずは、法令遵守(コンプライアンス、Compliance)と危機管理(リスクマネジメント、Risk Management)★5の2つが基礎となります。その2つを基礎としてコーポレート・ガバナンスを構築することが求められるのです。ここまでの一連の取り組みにより、トップマネジメントによる健全で効率的な経

───────────────
　★5　危機管理は、企業に影響を及ぼす不確実性に対応するための管理をいいます。企業は、財務的なものや新技術の開発、規制緩和など、非常に多様な不確実性に対応していかなければなりません。

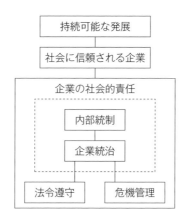

図13- 3　CSRと社会に信頼される企業の関係

出典：平田光弘（2011）「経営の"学"を考える」『経営哲学』
　　　第2巻　経営哲学学会　p.14

営が担保されることになります。そして、トップマネジメントの健全で効率的な経営は、内部統制（インターナル・コントロール、Internal Control）[6]を通して、企業全体に浸透していくのです。内部統制によって企業全体が一丸となり、健全な事業運営を通して質の高い生産活動をすることで、社会的責任を果たすことにつながるというわけです。

　また、CSRに関する議論が最も進んでいるヨーロッパでは、EUの欧州委員会が、「CSRのためのEU戦略の改定2011-2014」のなかで、CSRが最低限取り扱う分野を示しました。欧州委員会によると、労働と雇用、人権、贈収賄・汚職の防止、環境問題、サプライチェーンを通じた社会・環境的責任の推進、非財務情報の開示、従業員のボランティア、そしてコミュニティへの参加などが最低限扱う分野であるとしています。

　CSRの議論の発端については諸説あります。近江商人の「三方よし[7]」に

★6　内部統制（インターナル・コントロール）とは、経営目標の達成に向けて、トップマネジメントの意思決定を適切に企業全体に浸透させるために必要な仕組みを整えることです。
★7　近江商人が掲げていた「売り手よし、買い手よし、世間よし」という心得のことです。いくつかの解釈がありますが、売り手と買い手だけでなく、社会にも良い商売をしなければならないという考え方をいいます。

までさかのぼるという学説も存在していますが、CSRは近江商人にみられるような内省的な性格というよりは、企業が社会からの要求に対応するという相互運動的な側面が強いといえます。それは、EUにおいて欧州委員会が、積極的に企業に責任ある行動を求めていることからもわかります。そうした側面をふまえると、1960年代に発生した公害問題を契機とした社会から企業に対する社会的責任への要求の高まりが、CSRの直接的な起源であるといえます。このとき、企業の社会的責任は、自らの企業行動によって与えた被害について責任を取るという事後的な責任でしたが、その後、CSRの考え方は発展をしていき、企業行動が負の影響を与えないように考慮する事前の責任が求められるようになりました。さらに、バブル経済のなかで好収益を得て余裕のある企業によって実践されたフィランソロピー★8やメセナ★9などが注目を浴び始めました。そして、日本経済団体連合会の下部組織として、1％（ワンパーセント）クラブ★10が設立されるなど、社会貢献的な責任を負うという考えが広がりを見せました。しかし、近年では、欧州の定義に見られるように、範囲を限定的に捉えた定義や企業競争力を低下させるような過度な責任を負わせることは少なくなりました。

2 ── コンプライアンスとその他の責任

　EUの欧州委員会は、①法律に従うこと、②社会、環境、倫理、顧客、そして人権を統合して事業戦略や運営と関連付けることの2つにより社会的責任があるといえるとしています。①法律に従うことは、最低限の責任であるといえるでしょう。ただし、経営学上では、法律だけでは不十分であると認識されています。法律だけではなく、文化や慣習、倫理などの明文化されていない社会

　★8　社会貢献活動のことをいいます。例えば、植樹活動や恵まれない地域や災害地域への寄付などがこれにあたります。
　★9　芸術や文化への支援活動のことをいいます。例えば、演奏家に対する経済的な支援や美術館の創設などがこれにあたります。
　★10　経常利益や可処分所得（所得から税金等を引いたもの）の1％相当額以上を自主的に社会貢献活動に支出しようと努める企業や個人が集まった団体をいいます。

通念上守るべきルールも守ることを法令遵守といいますが、これらを守ってい
くことも求められます。

　規制を目的とした法律というのは、基本的には既存の問題を解決するために
制定されるものです。例えば、1990年代から爆発的に普及し私たちの生活にな
くてはならないものとなったインターネットは、ものすごい勢いで進歩してい
ます。数年前までは、SNSを運営するFacebookが世界有数の個人情報の保有
者になるとは誰も考えていなかったでしょう。そして、個人情報がビッグデー
タとして加工され、ビジネスに応用されることも想定されていませんでした。
こうした技術が実用され、その過程で生じる問題が明るみに出て初めて問題を
解決すべく制度改革がなされるのです。さらに、今後はクローン技術やAI、
自動運転など新たな技術の利用が当然となる社会になるでしょう。そのような
なかで、今後起こり得る問題をすべて予測してあらかじめ法律を定めることは
困難です。そのため、社会通念上良くないと考えられることやグレーゾーンに
あたることをしてはならないと広く認識する必要があるのです。

3 ── 社会からの要請としてのESG投資とその対応

　社会、環境、倫理、顧客、そして人権を統合して事業戦略や運営と関連付け
ること、とはどのようなことでしょうか。まず、ここでいう社会、環境、倫理、
顧客、そして人権に対する活動は、第12章で学んだ財務諸表には掲載されない
情報ですので、**非財務情報**といわれます。CSRが、社会貢献的な意味合いで理
解されていた2000年代までは、事業内容からかけ離れた寄付や植樹などの慈善
活動がなされることがありました。しかし、こうした活動の特徴は、景気の良
い時には活発になされるものの、景気が悪くなると継続が困難になることにあ
ります。そのため、事業戦略と関連付けて、社会に責任を果たすことが求めら
れるのです。

　しかし、社会的責任を果たすための活動を事業戦略と関連付けることを可能
にするためには、そうした活動を評価してもらう必要があります。そこで誕生
したのが**ESG投資**です。ESG投資は、環境（Environment）、社会（Social）、

統治（Governance）の３つの非財務情報を重視する投資をいいます。現代企業において機関投資家の影響力が強いことはすでに説明しましたが、投資家が短期的な利益を追求して非財務情報を軽視すると、企業としても短期的な利益を追求しはじめます。そうすると、企業は長期的な投資を避けるようになり、技術革新が遅れ、社会の発展もみられなくなる恐れがあります。さらに、短期的な利益を上げているかのように見せる不正に手を染める企業も出てくるかもしれません。そのため、投資家の求める価値と社会が企業に求めている価値を一致させる必要があるわけです。そこで、社会が企業に求めているにもかかわらず、株主から評価されてこなかった環境や社会、ガバナンスに関する取り組みを、投資指標として評価する仕組みが誕生したのです。なお、ESGに関しては、世界のさまざまな評価機関が独自でESGを評価し、数値化したうえで、ESG指数を公表しています。そして、世界の投資家がこの指数を投資の指標として使用することにより、企業の責任ある行動が株主の求める価値と一致することになるのです。

4 ── まとめ

ここまで、現代企業の諸問題について学んできました。もう一度、「会社は誰のものか」「会社は誰のために経営されるべきなのか」を考えてみましょう。企業は誰かの所有物ではありません。しかし、資本金を出している株主が一定の権利を得るべきであることは間違いありません。アメリカでは、株主利益の追求を最優先すべきとの考え方が支配的な理論です。ここまでの流れを見れば、企業は株主のものという考え方が正しいように思えます。

しかし、CSRは、株主に対する責任だけを追求することを良しとしません。あくまでも社会に対して責任を負うことを求めます。では、社会とは何を指すのでしょうか。実は、社会というのは、その時々によって使われ方が異なります。ですから、CSRを議論する際には、その企業と直接・間接を問わず関係のある者、またその可能性を持つ者の範囲を社会というと考えてよいでしょう。

企業は社会全体のために経営されることが理想です。しかし、現実として、

それぞれの利益が相反する事態が当然に発生します。よって、実際は局面に応じて、優先順位を決めて対処しなければならない側面もあります。その際、それぞれの企業における「経営理念」や「組織（企業）文化」が重要な役割を担います。一方で、企業を取り巻く経営環境や経営戦略も当然考慮しなければなりませんし、短期・中長期どちらの視点で考えるかによっても変わってくるでしょう。

　このように経営者は、この難しい決定を「マネジメント」しながら企業経営を行っているのです。しかも、序章で述べたように「すべての利害関係者にとって『良いこと』」でなければなりません。だからこそ「経営学」を学ぶ意義があるのです。

Column

日本的経営とガバナンス

　日本的経営の特徴として、終身雇用、年功序列型賃金、企業別組合の３つがあげられるのは有名な話ですね。日本的経営研究の第一人者として知られているアベグレン（Abegglen, J. C.）は、戦後10年で急速な経済成長を果たした日本の企業の力の源泉として、「終身の関係」が存在していたことを明らかにしました。終身の関係とは、暗黙の了解として、企業は従業員を一時的にせよ解雇せず、従業員は定年まで勤め続けるという関係のことをいいます。終身雇用と似ていますが、違う点は、企業が一生面倒をみるというような一方的なものではなく、相互関係が存在していることです。そして、終身の関係が存在する理由は、戦後の日本は貧しく、仕事を辞めると次の仕事がないほどであって、退職はすなわち、著しく仕事に不適格であることを意味していたからであると述べられています。そのため、従業員が休みを返上してでも会社のために働く慣習が生まれたのですね。

　さて、日本的経営は、戦後の日本企業が有していた爆発力の源として紹介されたわけですが、今になって見てみると日本企業のガンにもなり得るものかもしれません。2015（平成27）年に東芝の不正会計が発覚しました。経営者の指示のもとでチャレンジと称して業績のかさ増しがなされていたのです。なぜ、従業員は経営者の指示に従って不正に加担したのでしょうか。ここに、戦後と変わらない終身の関係が見え隠れするのです。終身の関係が存在するからこそ、不正に手を染めてでも企業を存続させようと考えるのですね。そこに転職という選択肢を選びにくい環境が存在するのです。

　終身の関係は、企業内部の関係を強固にして団結力や愛社精神を養う一方で、内輪でどうにかしようとする文化を形成しました。例えば、2015（平成27）年ごろから投資家の圧力によって減少傾向にあるものの、伝統的に関係企業間で株式を持ち合って経営を安定させる「株式持ち合い」という仕組みが存在します。こうして、日本の大企業は、株主を経営から切り離してきたのです。その一方で従業員を家族のように大切にし、生え抜きの経営者を選任してきました。つまり、経営者が後継者を決めるという伝統が形成されたのです。これにより、経営者の支配力は格段に高くなり、揺るぎないものとなります。この企業内部の強固さは良くも悪くも日本企業のガバナンスの特徴といえるでしょう。

演習問題

①企業が社会から信頼を勝ち取る必要があるのはなぜか、考えてみましょう。

②コーポレート・ガバナンスは、不祥事発生後の対応も含めて考えます。不祥事発生後に復活した企業を調べてみましょう。

③どのような企業がESG投資の投資先として優れているのか調べてみましょう。そして、その企業の株価の変動を見てみましょう。

★さらなる学びのためのブックガイド★

●平田光弘 (2008)『経営者自己統治論―社会に信頼される企業の形成―』中央経済社

コーポレート・ガバナンスやCSR、そしてその周辺分野を体系的に捉えた名著です。本書は、現代企業の問題の本質を詳しく学ぶことができます。

●竹内朗・中村信男・江口真理恵・水川聡 (2016)『コーポレート・ガバナンスの法律相談』青林書院

コーポレート・ガバナンスに関する問題に対して、実務をふまえて研究者と実務を担当する専門家が解説する名著です。本書は、法学的な観点が強いですが、学生から実務家まで幅広い読者が、基礎から最新の議論までを詳細に学ぶことができます。

●P. F. ドラッカー (上田惇生訳) (2008)『マネジメント（上・中・下）』ダイヤモンド社

日本の経営学に影響を与えた名著です。本書は、「マネジメントとは何か」について論じているものですが、コーポレート・ガバナンスやCSRに関する内容にも言及しています。また、ドラッカーの文章は、どこか直感的でありながら哲学を説くような語り口なので、初学者にとっても読みやすい内容となっています。

Business
Administration

◆ 引用・参考文献 ◆

【引用文献】

序 章

1) 井堀利宏(2015)『大学4年間の経済学が10時間でざっと学べる』KADOKAWA　p.16

2) 同上書1)　p.16

3) 前掲書1)　p.18

4) 前掲書1)　p.18

第1章

1) P. F. ドラッカー（上田惇生訳)(2008)『ドラッカー名著集11　企業とは何か』ダイヤモンド社　p.15

2) 国税庁(2009)「平成19年度分会社標本調査─調査結果報告─」p.11

第2章

1) 株式会社今野製作所（東京都足立区）の今野浩好社長のFacebook（2015年3月19日）

2) 京セラ株式会社ホームページ「社是・経営理念」
https://www.kyocera.co.jp/company/philosophy/index.html(2019年12月1日閲覧)

3) 同上2)

4) 京セラ株式会社「CORPORATE PROFILE2019/2020」p.3

5) 京セラ株式会社「第50期中間報告書─平成15年4月1日から平成15年9月30日まで─」
p.2

6) 稲盛和夫OFFICIAL SITE「ビジョンを高く掲げる」
https://www.kyocera.co.jp/inamori/management/motivate/motivate04.html(2019年12月1日閲覧)

第3章

1) 日本経済新聞社編(2004)『株に強くなる会社の見分け方』日本経済新聞社　p.25

2) 前掲書1)　p.64

3) H. I. アンゾフ（広田寿亮訳)(1969)『企業戦略論』産業能率短期大学出版部　p.137

4) R. P. ルメルト（鳥羽欽一郎・山田正喜子・川辺信雄・熊沢孝訳)(1977)『多角化戦略と経済成果』東洋経済新報社

5) 吉原英樹・佐久間昭光・伊丹敬之・加護野忠男(1981)『日本企業の多角化戦略─経営資源アプローチ─』日本経済新聞出版社　p.140

6) 同上書5)　p.137

7) 新貝康司(2015)『JTのM&A─日本企業が世界企業に飛躍する教科書─』日経BP　p.166

8 ）前掲書3 ）　p.99

9 ）M. E. ポーター(1987)「競争優位戦略から総合戦略へ」『DIAMONDハーバード・ビジネス』1987年 8 - 9 月号　pp.69-88

10）日本証券業協会「金融・証券用語集（キャッシュ・フロー計算書）」http://www.jsda.or.jp/jikan/word/044.html(2019年10月 1 日閲覧)

11）大滝精一・金井一頼・山田英夫・岩田智(2006)『経営戦略（新版)』有斐閣　p.10

第 4 章

1 ）沼上幹(2008)『わかりやすいマーケティング戦略（新版)』有斐閣　p. 3

2 ）M. E. ポーター(土岐坤・中辻萬治・服部照夫訳)(1982)『競争の戦略』ダイヤモンド社　p.i

3 ）Barney, J. B.(1991), "Firm resource and Sustained Competitive Advantage," Journal of Management, Vol.17, pp.99-120.

4 ）同上書3 ）　pp.99-120.

5 ）沼上幹(2009)『経営戦略の思考法―時間展開・相互作用・ダイナミクス―』日本経済新聞出版社　p.91

6 ）同上書5 ）　p.94

第 5 章

1 ）小野正誉(2018)『丸亀製麺はなぜNo. 1 になれたのか？―非効率の極め方と正しいムダのなくし方―』祥伝社　p.40

2 ）同上書1 ）　p.40

3 ）加護野忠男・井上達彦(2004)『事業システム戦略―事業の仕組みと競争優位―』有斐閣　p. 7

4 ）延岡健太郎(2006)『MOT［技術経営］入門』日本経済新聞出版社　pp.268-279

5 ）Ming YE, Bo MENG, and Shang-jin WEI(2015) Measuring Smile Curves in Global Value Chains. *IDE DISCUSSION PAPER* No.530. INSTITUTE OF DEVELOPING ECONOMIES

第 6 章

1 ）高橋郁夫(2008)「国際化時代の我が国のマーケティング研究―その現状と課題―」『三田商学研究』第51巻第 4 号　p.88

2 ）P. F. ドラッカー（上田惇夫訳)(2006)『現代の経営（上)』ダイヤモンド社　p.46

3 ）同上書2 ）　p.47

4 ）前掲書2 ）　p.78

5 ）P. コトラー・G. アームストロング・恩藏直人(2014)『コトラー、アームストロング、恩藏のマーケティング原理』丸善出版　p. 6

6 ）石井淳蔵・嶋口充輝・栗木契・余田拓郎(2013)『ゼミナール マーケティング入門（第 2

版）』日本経済新聞出版社　p.423

7）前掲書5）　p.176

8）前掲書6）　p.425

9）片平秀貴(1999)『新版　パワー・ブランドの本質—企業とステークホルダーを結合させる「第五の経営資源」—』ダイヤモンド社　pp.31-32

10）同上書9）　pp.31-32

11）前掲書9）　pp.31-32

第7章

1）J. A. シュムペーター（塩野谷祐一・中山伊知郎・東畑精一訳）(1977)『経済発展の理論（上）—企業者利潤・資本・信用・利子および景気の回転に関する一研究—』岩波書店　p.50

2）近能義範・高井文子(2010)『コア・テキスト　イノベーション・マネジメント』新世社　p.20

第8章

1）伊丹敬之・加護野忠男(2003)『ゼミナール経営学入門（第3版）』日本経済新聞出版社　p.261

2）J. D. トンプソン（大月博司・廣田俊郎訳）(2012)『行為する組織—組織と管理の理論についての社会科学的基礎—』同文舘出版　p.83

3）吉原英樹・佐久間昭光・伊丹敬之・加護野忠男(1981)『日本企業の多角化戦略—経営資源アプローチ—』日本経済新聞社　p.191

4）沖森卓也・中村幸弘編(2003)『ベネッセ表現読解国語辞典』ベネッセコーポレーション　p.1180

5）D. J. ロバーツ（谷口和弘訳）(2005)『現代企業の組織デザイン—戦略経営の経済学—』NTT出版　p.25

第9章

1）C. I. バーナード（山本安次郎・田杉競・飯野春樹訳)(1968)『新訳 経営者の役割』ダイヤモンド社　p.67

2）山本安次郎(1968)「組織論史におけるバーナード理論の意義—組織均衡理論を中心に—」『経済論叢』101（1）　pp.20-21

3）同上書2）　p.1

4）前掲書1）　p.67

5）前掲書1）　p.76

6）前掲書1）　p.39

7）前掲書1）　pp.115-116

8）帝国データバンク(2019)「『トヨタ自動車グループ』下請企業調査（2019年）」

第11章

1）伊丹敬之・加護野忠男(2003)『ゼミナール 経営学入門（第3版）』日本経済新聞出版社

2）金井壽宏(1989)「変革型リーダーシップの展望」『研究年報. 經營學・會計學・商學』35 pp.143-276

3）Bass, B. M.（1990）From transactional to transformational leadership: Learning to share the vision, *Organizational dynamics*, 18（3）, pp.19-31.

4）Brown, M. E., Treviño, L. K. & Harrison, D. A.（2005）Ethical leadership: A social learning perspective for construct development and testing, Organizational Behavior and Human Decision Processes, 97（2）, p.120.

5）Walumbwa, F. O., Avolio, B. J., Gardner, W. L., Wernsing, T. S., & Peterson, S. J.（2008）Authentic leadership: Development and validation of a theory-based measure, *Journal of management*, 34（1）, p.94.

6）Carson, J. B., Tesluk, P. E., & Marrone, J. A.（2007）Shared leadership in teams: An investigation of antecedent conditions and performance, *Academy of management Journal*, 50（5）, 1217-1234.

7）岸野早希・松下将章・市村陽亮・大矢隆紀・鈴木竜太(2019)「上司の家族支援的行動とオーセンティック・リーダーシップの関係」『国民経済雑誌』220（1）　pp.15-36

第13章

1）A. スミス（山岡洋一訳）(2017)『国富論（下）―国の豊かさの本質と原因についての研究―』日本経済新聞出版社　p.331

2）A. A. バーリー、G. C. ミーンズ（北島忠男訳）(1958)『近代株式会社と私有財産』文雅堂書店　p.5

3）同上書1）　p.5

【参考文献】

序　章

・加護野忠男・吉村典久(2015)『1からの経営学（第2版）』碩学舎

・上林憲雄・奥林康司ほか(2018)『経験から学ぶ経営学入門（第2版）』有斐閣

第1章

・小野正人(2018)『イチから学ぶビジネス―高校生・大学生の経営学入門（改訂版）』創成社

・加護野忠男・吉村典久(2012)『1からの経営学（第2版）』碩学舎

・小山嚴也・出見世信之・谷口勇仁(2018)『問いからはじめる現代企業』有斐閣

第2章

・遠藤功(2005)『企業経営入門』日本経済新聞出版社

・遠藤功(2014)『ざっくりわかる企業経営のしくみ』日本経済新聞出版社

第3章

・石井淳蔵・奥村昭博・加護野忠男・野中郁次郎(1996)『経営戦略論（新版）』有斐閣

・伊丹敬之・加護野忠男(2003)『ゼミナール経営学入門（第3版）』日本経済新聞出版社

・大滝精一・金井一賴・山田英夫・岩田智(2006)『経営戦略（新版）』有斐閣

・セブン＆アイ・ホールディングス「2019-2020会社案内」https://www.7andi.com/library/
dbps_data/_template_/_res/company/pdf/profile/profile_2019.pdf(2019年12月4日閲覧)

・東北大学経営学グループ(2008)『ケースに学ぶ経営学（新版）』有斐閣

・モスフードサービス「2019年3月期有価証券報告書」https://ssl4.eir-parts.net/doc/8153/
yuho_pdf/S100G54J/00.pdf(2019年12月4日閲覧)

・C. A. デ・クルイヴァー・J. A. ピアースⅡ世（大柳正子訳)(2004)『戦略とは何か―ストラ
テジック・マネジメントの実践―』東洋経済新報社

・H. I. アンゾフ（広田寿亮訳)(1969)『企業戦略論』産業能率短期大学出版部

・H. I. アンゾフ（中村元一・黒田哲彦訳)(1990)『最新・戦略経営―戦略作成・実行の展開
とプロセス―』産能大学出版部

第4章

・青島矢一・加藤俊彦(2012)『競争戦略論（第2版）』東洋経済新報社

・網倉久永、新宅純二郎(2011)『経営戦略入門』日本経済新聞出版社

・沼上幹(2008)『わかりやすいマーケティング戦略（新版）』有斐閣

・沼上幹(2009)『経営戦略の思考法―時間展開・相互作用・ダイナミクス―』日本経済新聞
出版社

・M. E. ポーター（土岐坤・中辻萬治・小野寺武夫訳)(1985)『競争優位の戦略―いかに高業
績を持続させるか―』ダイヤモンド社

第5章

・伊丹敬之(2012)『経営戦略の論理―ダイナミック適合と不均衡ダイナミズム―（第4版）』
日本経済新聞出版社

・加護野忠男・井上達彦(2004)『事業システム戦略―事業の仕組みと競争優位―』有斐閣

・株式会社吉野家ホールディングス「Corporate Report 2019」

・総務省(2019)『情報通信白書　令和元年版』日経印刷

【参考ホームページ】

・株式会社はなまる
https://www.hanamaruudon.com/(2019年10月10日閲覧)

・株式会社トリドールホールディングスhttps://www.toridoll.com/company/outline.html

（2019年10月10日閲覧）

第6章

・新井将能（2010）『図解で学ぶ　コトラー入門』日本能率協会マネジメントセンター

・上林憲雄・奥林康司ほか（2018）『経験から学ぶ経営学入門（第2版）』有斐閣

・P. コトラー・G. アームストロング・恩藏直人（2014）『コトラー、アームストロング、恩藏のマーケティング原理』丸善出版

第7章

・入山章栄（2012）『世界の経営学者はいま何を考えているのか―知られざるビジネスの知のフロンティア―』英治出版

・勝見明（2016）「成功の本質　第85回BALMUDA The Toaster ／バルミューダ」リクルートワークス研究所
https://www.works-i.com/works/series/seikou/detail008.html（2019年10月15日閲覧）

・野中郁次郎・竹内弘高（梅本勝博訳）（1996）『知識創造企業』東洋経済新報社

・野中郁次郎・紺野登（2003）『知識創造の方法論―ナレッジワーカーの作法―』東洋経済新報社

・原田勉（2007）『ケース演習でわかる技術マネジメント』日本経済新聞出版社

・BALMUDA「BALMUDA The Toasterストーリー」
https://www.balmuda.com/jp/toaster/story（2019年10月15日閲覧）

・開洋美（2017）「体験の価値を自分たちなりに正しく企画、『パンをおいしくする』ことにフォーカスしたトースター」デザイン情報サイト［JDN］
https://www.japandesign.ne.jp/interview/balmuda-the-toaster/（2019年10月15日閲覧）

・Abernathy, W. J. & Utterback, J. M.（1978）Patterns of industrial innovation, *Technology Review*, 80(7), 40-47.

・C. A. オライリー・M. L.タッシュマン（入山章栄監訳・解説、冨山和彦解説、渡部典子訳）（2019）『両利きの経営―「二兎を追う」戦略が未来を切り拓く―』東洋経済新報社

・C. M. クリステンセン（玉田俊平太監修、伊豆原弓訳）（2001）『イノベーションのジレンマ―技術革新が巨大企業を滅ぼすとき―（増補改訂版）』翔泳社

第8章

・上野恭裕（2011）『戦略本社のマネジメント―多角化戦略と組織構造の再検討―』白桃書房

・鈴木竜太（2013）『関わりあう職場のマネジメント』有斐閣

・沼上幹（2004）『組織デザイン』日本経済新聞出版社

・A. D. チャンドラー, Jr.（有賀裕子訳）（2004）『組織は戦略に従う』ダイヤモンド社

・H. I. アンゾフ（中村元一監訳、田中英之・青木孝一・崔大龍訳）（2007）『アンゾフ戦略経営論（新訳）』中央経済社

・J. R. ガルブレイス（梅津祐良訳）（1980）『横断組織の設計―マトリックス組織の調整機能と効果的運用―』ダイヤモンド社

・J. R. ガルブレイス・D. A. ネサンソン（岸田民樹訳）（1989）『経営戦略と組織デザイン』白桃書房

・R. キーガン・L. L. レイヒー（中土井僚監訳、池村千秋訳）（2017）『なぜ弱さを見せあえる組織が強いのか―すべての人が自己変革に取り組む「発達指向型組織」をつくる―』英治出版

・R. L. ダフト（髙木晴夫訳）（2002）『組織の経営学―戦略と意思決定を支える―』ダイヤモンド社

・R. P. ルメルト（鳥羽欽一郎・山田正喜子・川辺信雄・熊沢孝訳）（1977）『多角化戦略と経済成果』東洋経済新報社

・S. P. ロビンス（髙木晴夫訳）（2009）『新版 組織行動のマネジメント―入門から実践へ―』ダイヤモンド社

第10章

・海老原嗣生（2015）『無理・無意味から職場を救うマネジメントの基礎理論―18人の巨匠に学ぶ組織がイキイキする上下関係のつくり方―』プレジデント社

・小笹芳央（2008）『モチベーション・マネジメント―最強の組織を創り出す、戦略的「やる気」の高め方―』PHP研究所

・金井壽宏（1999）『経営組織』日本経済新聞出版社

・田尾雅夫（1993）『モチベーション入門』日本経済新聞出版社

第11章

・伊丹敬之・加護野忠男（2003）『ゼミナール 経営学入門（第3版）』日本経済新聞出版社 p.373

・金井壽宏（2005）『リーダーシップ入門』日本経済新聞出版社

・ハーバード・ビジネス・レビュー編集部編（DIAMONDハーバード・ビジネス・レビュー編集部訳）（2019）『オーセンティック・リーダーシップ』ダイヤモンド社

・淵上克義（2009）「リーダーシップ研究の動向と課題」『組織科学』43（2） pp. 4 -15

・S. P. ロビンス・D. A. ディチェンゾ・M. コールター（髙木晴夫監訳）（2014）『マネジメント入門―グローバル経営のための理論と実践―』ダイヤモンド社

第12章

・金融庁「金融商品取引法に基づく有価証券報告書等の開示書類に関する電子開示システム」http://disclosure.edinet-fsa.go.jp/（2019年8月22日閲覧）

・桜井久勝（2019）『財務会計の重要論点』税務経理協会

・近田典行ほか（2019）『基本から学ぶ会計学』中央経済社

・新田忠誓ほか（2017）『会計学・簿記入門 第13版』白桃書房

・吉田千草(2000)「貴重書紹介　ルカ・パチョーリ『算術・幾何・比及び比例全集』(第2版)1523年、トスコラーノ、パガニーニ刊」明治大学図書館紀要4号

Index

基礎からの経営学

2020年4月1日　初版第1刷発行
2022年3月1日　初版第2刷発行

編　　　者	見吉英彦
発 行 者	竹鼻均之
発 行 所	株式会社みらい

〒500-8137　岐阜市東興町40　第5澤田ビル
TEL　058-247-1227㈹
FAX　058-247-1218
http://www.mirai-inc.jp/

印刷・製本	サンメッセ株式会社